新百年新征程

本书编写组 / 编

人民东方出版传媒
東方出版社

图书在版编目（CIP）数据

新百年　新征程 /《新百年　新征程》编写组编 . —北京：东方出版社，2021.8

ISBN 978-7-5207-2272-8

Ⅰ . ①新…　Ⅱ . ①新…　Ⅲ . ①中国共产党—党史—学习参考资料　Ⅳ . ① D23

中国版本图书馆 CIP 数据核字（2021）第 129035 号

新百年　新征程

（XIN BAINIAN　XIN ZHENGCHENG）

作　　者：《新百年　新征程》编写组

责任编辑：胡孝文　孔祥丹　温帮权

责任校对：谷铁波

出　　版：东方出版社

发　　行：人民东方出版传媒有限公司

地　　址：北京市西城区北三环中路 6 号

邮　　编：100120

印　　刷：三河市龙大印装有限公司

版　　次：2021 年 8 月第 1 版

印　　次：2021 年 8 月北京第 1 次印刷

开　　本：710 毫米 ×1000 毫米　1/16

印　　张：17

字　　数：200 千字

书　　号：ISBN 978-7-5207-2272-8

定　　价：58.00 元

发行电话：（010）85924663　85924644　85924641

写在前面的话

2021年7月1日，庆祝中国共产党成立100周年大会在北京天安门广场隆重举行。习近平总书记代表党和人民庄严宣告：

经过全党全国各族人民持续奋斗，我们实现了第一个百年奋斗目标，在中华大地上全面建成了小康社会，历史性地解决了绝对贫困问题，正在意气风发向着全面建成社会主义现代化强国的第二个百年奋斗目标迈进。

新百年新征程的号角，就此吹响！

习近平总书记的重要讲话，立足中国共产党百年华诞的重大时刻和“两个一百年”历史交汇的关键节点，回望光辉历史、擘画光明未来，是一篇马克思主义纲领性文献，是新时代中国共产党人不忘初心、牢记使命的政治宣言，是我们党团结带领人民以史为鉴、开创未来的行动指南。

讲话系统回顾了中国共产党成立100年来，团结带领全国各族人民开辟的伟大道路、创造的伟大事业、取得的伟大成就；以豪迈的自信、激昂的壮志，庄严宣告实现了第一个百年奋斗目标、全面建成了小康社会，郑重宣示坚持和发展新时代中国特色社会主义、向全面建成社会主义现代化强国的第二个百年奋斗目标迈进的坚定决心，深刻阐述以史为鉴、开创未来的根本要求，向全体党员发出了为党和人民争取更大光荣的伟大号召。习近平总书记的重要讲话，贯通历史、现实、未来，贯通伟大斗争、伟大工程、伟大事业、伟大梦想，高屋建瓴、思想深邃、内涵丰富，把我们党对共产党执政规律、社会主义建设规律、人类社会发展规律的认识提升到了新高度，为奋进新时代、走好新征程进一步指明了前进方向、提供了根本遵循。

为了深入学习讲话精神，深入领会全面建成小康社会伟大成就和历史意义，深刻理解“实现中华民族伟大复兴”这一主题，深入领会伟大建党精神的深刻内涵和时代价值，深入领会以史为鉴、开创未来的根本要求，深入领会习近平总书记发出的伟大号召，牢记初心使命，始终同人民想在一起、干在一起，我们特编选本书。希望对于党员干部悟透习近平总书记重要讲话精神实质，把握讲话核心要义，引导党员干部把讲话精神转化为奋进新征程、建功新时代的实际行动，有所助益。

本书编写组

2021 年 7 月

目　录

C　O　N　T　E　N　T　S

第三章

CHAPTER 3

牢牢把握中华民族伟大复兴这一主题

第四章

CHAPTER 4

深入领会伟大建党精神的深刻内涵和时代价值

第五章

CHAPTER 5

始终明确“以史为鉴、开创未来”的根本要求

第六章

CHAPTER 6

牢记初心使命，始终同人民想在一起，干在一起

第　一　章

CHAPTER 1

奋进新时代、走好新征程的根本遵循

一

习近平总书记在庆祝中国共产党成立100周年大会上的重要讲话，系统回顾了中国共产党成立一百年来，团结带领全国各族人民开辟的伟大道路、创造的伟大事业、取得的伟大成就；以豪迈的自信、激昂的壮志，庄严宣告实现了第一个百年奋斗目标、全面建成了小康社会，郑重宣示坚持和发展新时代中国特色社会主义、向全面建成社会主义现代化强国的第二个百年奋斗目标迈进的坚定决心，深刻阐述以史为鉴、开创未来的根本要求，向全体党员发出了为党和人民争取更大光荣的伟大号召。

这一重要讲话，贯通历史、现实、未来，贯通伟大斗争、伟大工程、伟大事业、伟大梦想，高屋建瓴、思想深邃、内涵丰富，把我们党对共产党执政规律、社会主义建设规律、人类社会发展规律的认识提升到新高度，为奋进新时代、走好新征程进一步指明了前进方向、提供了根本遵循。

滕文生：中国共产党的百年奋斗与伟大贡献

一

2021年7月1日，在庆祝中国共产党成立100周年大会上的重要讲话中，习近平总书记指出："一百年来，中国共产党团结带领中国人民，以'为有牺牲多壮志，敢教日月换新天'的大无畏气概，书写了中华民族几千年历史上最恢宏的史诗。这一百年来开辟的伟大道路、创造的伟大事业、取得的伟大成就，必将载入中华民族发展史册、人类文明发展史册！"我们党的奋斗史，就是为国家谋独立富强、为人民谋解放幸福、为民族谋伟大复兴、为世界谋和平发展的历史。我们党100年走过的路程，是中国改天换地的辉煌历程，其中充满了艰辛，也经历过失误挫折，但艰难苦困玉汝于成，失误挫折是成功之母。这是历史的辩证法。坚持将社会革命与自我革命结合起来的中国共产党人，能够彻底践行这种辩证法，因而总是能够率领人民克服艰难、战胜挫折，走向新的胜利之途。

100年来，我们党领导人民进行的革命、建设、改革事业，使我们的国家取得了从救国到兴国到强国、从站起来到富起来再到强起来的伟大的历史性胜利

从1921到1956的35年中，我们用了28年时间取得了新民主主义

革命的胜利，建立了新中国，实现了民族独立和人民解放；随后，又用了 7 年时间取得了社会主义革命的胜利，建立了社会主义的基本政治经济制度。从 1956 到 1978 的 22 年中，我们开展了大规模的社会主义建设，初步实现了国家的工业化，建立了独立的比较完整的国民经济体系。从 1978 到 2021 的 43 年中，我们进行了改革开放和社会主义现代化建设，国民经济总量跃居并稳居世界第二位，在中华大地上全面建成了小康社会，历史性地解决了绝对贫困问题，实现了第一个百年奋斗目标，现在正在向着实现第二个百年奋斗目标、全面建成社会主义现代化国家、实现中华民族伟大复兴而阔步前进。我们只用了一个世纪的时间，就在一个人口众多、历史悠久但近代以来经济文化十分落后的东方大国里，实现了如此辉煌的跨越式发展，这在世界上是绝无仅有的。我们党所作出的巨大历史性贡献充分说明，它是无愧于中国工人阶级、无愧于中国人民和中华民族的伟大、光荣、正确的马克思主义政党。

100 年来，我们党坚持马克思主义基本原理同中国具体实际相结合，形成和发展了中国化马克思主义，对马克思主义理论作出了重大而独特的贡献

马克思主义基本原理只有同各国具体实际相结合，形成具有本国特点因而本国化了的马克思主义，才能对它的革命和发展真正起到行动指南的作用。我们党通过学习和掌握马克思主义基本原理，同时不断地总结领导中国人民进行革命、建设、改革的实践经验，并将它上升为理论认识，实现了马克思主义中国化的两大理论成果。第一大理论成果就是形成了毛泽东思想，正是在它的指导下，我们党取得了新民主主义革

命、社会主义革命和社会主义建设的伟大胜利；第二大理论成果就是形成了中国特色社会主义理论体系。邓小平理论是对毛泽东思想的继承和发展，正是在它的指导下，我们党取得了改革开放和社会主义现代化建设的开创性胜利。党的十八大以来，我们进入了中国特色社会主义新时代，以习近平同志为核心的党中央，继承和发展邓小平理论、“三个代表”重要思想、科学发展观，对我们党在新时代的国内使命和国际任务，从全面建成小康社会到全面建成社会主义现代化强国、实现中华民族伟大复兴，到推进构建人类命运共同体，作出了一系列重大部署，创立了习近平新时代中国特色社会主义思想，提出了许多新的重要战略思想和理论观点，这些都标志着马克思主义中国化将会形成新的理论成果。这些理论成果，充分说明我们党是一个非常重视理论建设、理论创新、理论发展的马克思主义政党。

在长期的理论建设中，我们党积累了丰富而深刻的经验。这些经验主要有：一是把马克思主义基本原理同中国具体实际相结合。这个“具体实际”，既包括中国现实实际，也包括中国历史实际，而在中国历史实际中最重要最根本的是中华优秀传统文化。因此，只有把马克思主义基本原理同中国具体实际和中华优秀传统文化这两个“具体实际”辩证统一地结合起来，才能保证我们党的理论的科学正确并具有中国风格、中国气派而真正中国化。二是马克思主义基本原理同中国具体实际相结合不可能一次完成，而是要二次、三次以至多次的不断地结合下去。毛泽东同志在20世纪50年代曾经说过：新民主主义革命的成功，是马克思主义基本原理同中国具体实际相结合的产物，看来我们搞社会主义革命和建设，还得来“第二次”结合。只有坚持把马克思主义基本原理同变化着的革命、建设、改革的具体实际和面临的时代条件不断地结合下去，我们党的理论才能得到不断的创新和发展。三是要实现马克思主义基本原理与中国具体实际相结合，必须坚持调查研究。对我们的现实情况进行了解，是调查研究；对马克思主义基本原理和我们的历史文化进行学习，也是一种调查研究。对这两种调查研究搞得越充分，就越能保证和促进认识与实际、理论与实践的正确结合和统一，就越能保证和促进我们的革命、建设、改革的路线方针政策的正确，就越能保证和促进党和人民事业不断取得成功。总之，坚持调查研究，始终是马克思主义基本原理同中国具体实际实现正确结合的前提。没有调查研究，就没有发言权决策权，这永远是一个客观真理。

100年来，我们党始终注重把社会革命与自我革命紧密结合起来，善于学习，善于在改造客观世界的同时改造主观世界

习近平总书记郑重地重申我们党是领导人民进行伟大社会革命和自我革命的党，始终保持“将革命进行到底”的精神。社会革命，就是社会改造、改造客观世界；自我革命，就是自我改造、改造主观世界，二者是相互结合、相互统一、相互促进的。自我革命是为社会革命提供指导和服务的，其本身也是社会革命的一部分。社会革命的思想，是1859年马克思在《〈政治经济学批判〉序言》中提出的。凡是由社会基本矛盾即生产力与生产关系、经济基础与上层建筑的矛盾运动，引发的一切社会变革、社会发展，就叫社会革命。我们党领导人民进行的革命、建设、改革，都是在不同历史阶段进行的社会革命任务，都属于社会革命的范畴。坚持而又善于学习，对于社会革命与自我革命、改造客观世界与改造主观世界，都是重要的前提和基础。

我们党有着坚持而又善于学习的优良传统。一是善于从中国的社会实践中学习，既从中吸取成功的经验，加以发扬，又从中吸取失误的教训，引为鉴戒。我们党的自我革命、自我建设的历史说明，从失误的教训中学习，往往来得更警醒更深刻，对于全面认识和掌握社会革命的发展规律尤为重要、极为有益。二是善于向外国学习，对其他社会主义国家的实践经验加以研究和借鉴，对资本主义发达国家的一切有益的东西加以吸取和应用，对其有害的东西加以批判和防范。正因为我们党善于以思接千载的历史眼光和视通万里的世界眼光来观察中国和世界，不断积累知识、智慧、信念和力量，所以才能不断取得革命、建设、改革的成功。这也是我们党能够永葆生机、活力和战斗力的法宝所在。

100 年来，我们党在领导人民进行革命、建设、改革的历程中，创造了许多举世瞩目的中国奇迹。这些奇迹，对世界的和平与发展产生了深远的影响，为推动人类社会的进步作出了重大贡献

这些中国奇迹体现在我们的理论、道路、制度和发展各个方面。举其大者来说，主要有以下几个方面。

第一，我们党开创了在中国化马克思主义指导下组建以农民为主力的人民军队、在农村建立革命根据地、由农村包围城市最后夺取全国政权的新民主主义革命道路。正是这条道路保证了中国新民主主义革命的成功，并保证了在没有资本主义充分发展的半殖民地半封建社会的国家，直接开创建设社会主义的历史伟业。这在世界历史上是从来没有过的奇迹。中国革命的成功，极大地提高了社会主义在国际政治经济格局

中的历史地位，极大地推动了被殖民被压迫国家的民族解放运动高潮的兴起。

第二，我们党创造了工人阶级领导的、以工农联盟为基础的人民民主专政的国家政权形式，开创了中国共产党领导的多党合作和政治协商、中国共产党执政与各民主党派参政议政的政党结构和国家治政形式。这在世界社会主义国家的建设史上也是独一无二的。这种新的创造丰富了马克思主义国家学说。

第三，我们党在新中国成立初期百废待兴的情况下，果断决策派遣中国人民志愿军赴朝作战、保家卫国，创下了弱国人民打败强国侵略者的战争史上的奇迹，沉重打击了以美国为首的西方霸权主义的嚣张气焰，为赢得第二次世界大战以后亚洲和世界长时期的和平发展局面作出了重大贡献。

第四，我们党在进行社会主义改造过程中，采用和平“赎买”的办法，成功地实现了对资本主义工商业的改造，实现了列宁曾经设想过的用和平的方法变革资本主义经济而未能实现的创举。同时，将对制度的改造同对人的改造结合起来，既要消灭作为阶级的资产阶级和其他剥削阶级，又要对他们中的绝大多数成员，通过自我教育、自我思想改造和劳动改造，使之成为自食其力的劳动者，成为人民的一部分。这是对马克思主义解放全人类的一个重要实验，也是一个崭新的奇迹。

第五，我们党在西方帝国主义国家对新中国实行经济政治封锁的外部条件下，领导人民发扬独立自主、自力更生的精神，经过几十年的艰苦奋斗，就初步实现了国家的工业化。这是西方国家大都用了一两百年的时间才实现工业化的历程所无法比拟的。

第六，我们党在十一届三中全会以后，实行了改革开放的新政策。

实践已充分证明，这是为完善和发展社会主义制度，为建设中国特色社会主义事业、实现社会主义现代化找到了一条新的必由之路。这在世界社会主义国家建设史上是没有先例的又一个新的伟大创造。经过 40 多年的改革开放，我国人民在党的领导下创造了全面建成小康社会、全国消除绝对贫困、经济总量稳居世界第二等世界发展史上的奇迹，这些都对世界经济社会的发展进步作出了历史性的贡献，并提供了中国经验、中国智慧和中国方案；

第七，我们党领导人民建设新时代中国特色社会主义的使命和任务，在国内，通过全面建设社会主义现代化国家，实现中华民族的伟大复兴；国际上，通过共建“一带一路”，为构建人类命运共同体作出中国应有的贡献，将国内的发展进步同世界的发展进步结合起来。可以坚信，在这条新的内外结合的发展大道上，将会创造出更多的中国奇迹。

党的十八大以来，我们已进入中国特色社会主义新时代。中国特色社会主义事业的巨大发展和飞跃，标志着国际力量的对比发生了“东升西降”的历史性变化。当然，从世界总的力量对比来说还是“西强东弱”，走社会主义道路的国家还不多，世界社会主义从东欧剧变、苏联解体至今还未走出低潮。但前途是光明的，以中国为主要代表的世界社会主义事业发展进步的星星之火，必将随着共商、共建、共享的新的全球治理观的实施，随着共建“一带一路”的新型国际合作的发展，随着构建人类命运共同体的不断推动，而传布到全球各地，最终会逐渐形成燎原之势，会更多地造福于世界各国人民。中华民族实现伟大复兴的前途光明在望！世界各国人民共同构建人类命运共同体的前途也必将光明在望！

滕文生

中共中央政策研究室原主任、原中央文献研究室主任

李忠杰：历史性的庆典

2021 年 7 月 1 日上午，庆祝中国共产党成立 100 周年大会在北京天安门广场隆重举行，这是一个历史性的庆典；中共中央总书记、国家主席、中央军委主席习近平在大会上发表的重要讲话，是一份历史性的重要文件，是激励全党全国人民向第二个百年奋斗目标进军的政治宣言和行动纲领。

历史性的伟大节点

习近平总书记的讲话开宗明义的第一句话就是："今天，在中国共产党历史上，在中华民族历史上，都是一个十分重大而庄严的日子。"

这个重大而庄严的日子，已经成为一个历史性的伟大节点。1921 年 7 月 23 日，中国共产党第一次全国代表大会在上海法租界望志路 106 号（今兴业路 76 号）开幕，最后一天的会议转移到浙江嘉兴南湖举行。根据最新研究，这"最后一天"最有可能是 1921 年 8 月 3 日。1938 年，我们党选择把 7 月 1 日作为中国共产党诞生的纪念日。1941 年 6 月 30 日，中共中央发出《关于中国共产党诞生廿周年抗战四周年纪念指示》，第一次以中共中央名义把 7 月 1 日作为党的诞生纪念日。从此，每年的 7 月 1

日，就成为一个历史性的标志，与中国共产党的成长、发展和壮大紧紧联系在一起，与中国共产党的奋斗和探索、艰辛与辉煌紧紧联系在一起。

这个重大而庄严的日子，作为一个历史性的伟大节点，标志着中国共产党已经胜利地走过了100年的征程。100年来，中国共产党这艘历史的红船，在北京孕育、在上海制造、在南湖起航，已经行驶了整整100年不平凡的航程；中国共产党的伟大事业，从石库门走向天安门，从兴业路走向复兴路，已经书写了整整100年不平凡的华章。100年矢志践行初心使命，100年筚路蓝缕奠基立业，100年创造辉煌开辟未来。中国共产党100年艰难而光辉的历程，已经作为一种客观存在，载入了中华民族的发展史册，载入了人类文明的发展史册。

100年来，中国共产党的队伍由小而大，不断壮大。1956年，董必武曾挥毫题词："作始也简，将毕也钜。"中国共产党100年的历程，就是一个由"简"而"钜"的过程。100年前，中国共产党只有50多名党员，到今天，已经发展成为拥有9500多万名党员、领导着14亿多人口的大国、具有重大全球影响力的世界第一大执政党。这种变化本身就是一个历史性的成就、历史性的胜利，表现了中国共产党强大的历史韧劲。这种韧劲非同寻常，本身就是一件很值得自豪也很值得研究的事情。

所以，中国共产党诞生100周年，是一个伟大的历史节点。从科学和哲学的意义上，2021年，像1921年、1949年、1978年一样，本来只是一个表示时间进程的符号，但它们由于种种特殊的机缘而与中国共产党的一系列重大事件联系在了一起，于是就承载起了殊为丰富深厚的历史内涵，从而作为一种历史性的标志，放射出璀璨的光芒，照亮了过去，更照亮了未来和远方。

在中国共产党走过100年历程之际，在这个伟大的历史节点上，党中央隆重举行历史性的庆典，组织开展一系列重要活动。其目的，就是习近平总书记指出的：“庆祝中国共产党成立一百周年，回顾中国共产党百年奋斗的光辉历程，展望中华民族伟大复兴的光明前景。”概括起来，可以说，是历史性的节点、历史性的庆典，因而具有历史性的意义。

历史上的庆祝活动

最早对中国共产党成立进行纪念的是共产国际。1936 年 6 月 23 日，共产国际执委会书记处作出《关于中国共产党成立 15 周年的决定》。据此，在莫斯科的中共驻共产国际代表团举行了一系列活动，《共产国际》杂志刊登了纪念中共成立 15 周年的系列文章。陈潭秋在纪念会上作了报告。

1937 年 7 月 1 日，中共中央召开党的活动分子会议，周恩来作《十六周年的中国共产党》的报告，开创了在 7 月 1 日进行党员教育的先河，但报告没有提到党诞生的具体时间。

1938 年，抗日根据地举行纪念建党 17 周年的活动。这是我们党第一次正式纪念党的诞生。6 月 24 日，中共中央发布《关于中共十七周年纪念宣传纲要》。7 月 1 日这天，陕甘宁边区以及晋冀豫根据地等纷纷举行各类庆祝活动，延安的庆典尤其热烈。晚上 7 时，延安举行提灯大会。延安全城灯火通明、火炬熊熊，各类彩灯竞相媲美。

1941 年 7 月 1 日，中共中央机关报《解放日报》出版《中国共产党二十周年纪念特辑》。延安党政机关和人民团体举行纪念建党 20 周年活动。

1949 年 7 月 1 日，中国共产党成立 28 周年。已解放的地区特别是北平、上海、沈阳、西安、武汉等城市举行了各种纪念活动。中共中央华北局及中共北平市委，在北平先农坛运动场举行纪念大会。朱德同志、董必武同志、彭真同志等讲话。晚上 10 时 10 分，毛泽东同志和周恩来同志进入会场。沈钧儒代表各民主党派发言，郭沫若朗诵一首诗，作为献给七一纪念的颂词。从老解放区来的 18 个文工团表演了歌舞。这次活动是中国共产党在北平第一次公开纪念党的诞生。

1951 年是中国共产党成立 30 周年，也是新中国成立后的第一个建党逢十纪念日。中共中央政治局作出决定，在七一前夕召开隆重的纪念大会。6 月 22 日，《人民日报》发表了经毛泽东同志审定、胡乔木撰写的《中国共产党的三十年》。6 月 30 日，中国共产党成立 30 周年庆祝大会在北京隆重举行。毛泽东同志等出席，刘少奇同志发表讲话。

1961 年是中国共产党建党 40 周年。尽管是在三年困难时期，但 6 月 30 日下午，还是在北京人民大会堂举行了首都各界庆祝中国共产党成立 40 周年大会，毛泽东同志出席，刘少奇同志代表中共中央讲话。

1971 年，由于处在“文化大革命”期间，所以没有举行纪念活动，但由“两报一刊”发表了长达两万多字的题为《纪念中国共产党五十周年》的文章，以“学习和总结党内两条路线斗争的历史经验”为主题阐述党的历史，对刘少奇和彭德怀大加挞伐，强调要坚持“无产阶级专政下继续革命的学说”。

改革开放以来，逢十周年继续举行庆祝活动。此外，逢五周年或其他年份还举行过一些活动。

1981 年 6 月，在中国共产党成立 60 周年即将来临之际，党的十一届六中全会一致通过了《关于建国以来党的若干历史问题的决议》。7 月 1 日，庆祝中国共产党成立 60 周年大会在北京隆重举行，胡耀邦同志发表重要讲话。

1991 年 7 月 1 日，中共中央举行庆祝中国共产党成立 70 周年大会。为向党的 70 岁生日献礼，在胡乔木等中央领导同志的指导下，中共中央党史研究室编写出《中国共产党的七十年》一书。

2001 年 7 月 1 日，中共中央举行庆祝中国共产党成立 80 周年大会。江泽民同志发表重要讲话。七一前后，举行了纪念中国共产党建党 80 周年图片展。

2006 年 6 月 30 日，中共中央举行庆祝中国共产党成立 85 周年暨总结保持共产党员先进性教育活动大会，胡锦涛同志发表重要讲话。

2011 年 7 月 1 日，胡锦涛同志在庆祝中国共产党成立 90 周年大会上的讲话中指出，经过 90 年的奋斗、创造、积累，党和人民必须倍加珍惜、长期坚持、不断发展的成就是：开辟了中国特色社会主义道路，形成了中国特色社会主义理论体系，确立了中国特色社会主义制度。习近平同志宣读《中共中央关于表彰全国先进基层党组织和优秀共产党员、优秀党务工作者的决定》。

2016 年是中国共产党成立 95 周年，在 7 月 1 日举行了隆重的庆祝中国共产党成立 95 周年大会。习近平总书记在大会上发表重要讲话。李克强同志主持大会。刘云山同志宣读了《中共中央关于表彰全国优秀共产党员、优秀党务工作者和先进基层党组织的决定》。

历史性的盛大庆典

2021 年是中国共产党成立 100 周年，这是一个历史性的节点，所以举行的是历史性的庆典。与以往的庆典比较起来，这次庆典有一系列重要特点。

第一，把党史学习教育作为庆祝活动的主要内容之一。我们党在历史上曾经开展过两次重要的党史学习活动。一次是1945年在延安，组织高级干部对土地革命时期的党史进行深入研究，最后形成了《关于若干历史问题的决议》。另一次是1951年，结合建党30周年学习党史，形成了一次比较广泛的学习热潮。2021年，在中国共产党成立100周年之际，党中央决定在全党开展党史学习教育。习近平总书记指出："在庆祝我们党百年华诞的重大时刻，在'两个一百年'奋斗目标历史交汇的关键节点，在全党集中开展党史学习教育，正当其时，十分必要。"相较以往的党史学习，这一次党史学习教育，规模最大、时间最长，也更为深入。

第二，庆祝活动构成了一个丰富的系列。2021年6月18日，中国共产党历史展览馆开馆，习近平总书记参观"'不忘初心、牢记使命'中国共产党历史展览"，并带领党员领导同志重温入党誓词。6月25日，中央政治局举行第三十一次集体学习，采取参观和讨论相结合的形式，参观北大红楼和中南海丰泽园毛泽东故居。6月28日晚，在国家体育场举行庆祝中国共产党成立100周年文艺演出《伟大征程》。6月29日，在北京人民大会堂金色大厅举行"七一勋章"颁授仪式，习近平总书记向"七一勋章"获得者颁授勋章并发表重要讲话。7月1日的庆祝大会把整个庆祝活动推向了高潮。7月1日至2日，中央宣传部等部门和单位在北京召开庆祝中国共产党成立100周年理论研讨会，认真学习习近平总书记"七一"重要讲话。

第三，庆祝大会规模和形式与以往有很大不同。中国共产党成立100周年的庆祝大会安排在天安门广场举行。参加人数达到7万多。其中除各级领导外，还有国家勋章和国家荣誉称号获得者，"全国脱贫攻坚楷模”荣誉称号、“国家最高科学技术奖”、“航天英雄”、“英雄航天员”获得者等各类代表。

天安门广场的布置，从空中俯瞰，就像一艘“启航巨轮”。6 型 71 架战机飞向天安门广场。5 架直升机分别悬挂中国共产党党旗和写有标语的条幅迎风向前。随后，直升机、战斗机分别组成“100”“71”字样掠过长空，15 架歼 -20 飞机组成 3 个梯队呼啸而过，教练机拉出 10 道彩烟。歼 -20 飞机编队以最大规模集中亮相飞过天安门广场尚属首次。

天安门广场上的大型电子屏幕中出现了钟摆的画面。1921、1931、1941……2021，随着钟摆，年份数字依次显现。8 时整，象征着巨轮启航的汽笛声响起，庆祝大会开始。全体肃立，鸣响 100 发礼炮，标志着中国共产党走过了 100 年；国旗护卫队官兵护卫着五星红旗，从人民英雄纪念碑行进至广场北侧升旗区。共青团员和少先队员代表集体致献词。大会结束时，全场高唱《歌唱祖国》。10 万羽和平鸽展翅高飞，10 万只彩色气球腾空而起。

第四，会议保障技术含量很高。1956 年举行国庆庆祝活动时，正赶上下大雨。当时的技术条件还无从影响气候，所以阅兵式是在雨中进行的。但在科学技术日益发展的今天，我们已有能力在一定程度上干预和影响气候变化。7 月 1 日前后，气象条件复杂。为了确保庆祝大会顺利举行，在 30 日晚上实施了人工降雨作业，使大量雨水提前降下。大会期间，只是落下少量雨点，气温凉爽。一切活动正常进行，顺利完成。

第五，在 7 月 1 日下午，经党中央批准，全国有 6 个省市委，分别在上海、南湖、井冈山、遵义、延安、西柏坡等重要的红色纪念地隆重举行庆祝中国共产党成立 100 周年大会。

在 100 年这样一个历史性的节点，举行这样一个隆重热烈的庆典，充分表达了对中国共产党百年征程和成就的自豪，也表达了我们党更加昂扬地向着第二个百年目标前进的决心。

历史性的政治宣言

习近平总书记在庆祝中国共产党成立100周年大会上的重要讲话，贯穿辩证唯物主义和历史唯物主义的世界观方法论，提出了一系列新的重大思想、重大观点、重大论断，是激励全党全国各族人民向第二个百年奋斗目标进军的政治宣言和行动纲领。

讲话明确指出："一百年来，中国共产党团结带领中国人民进行的一切奋斗、一切牺牲、一切创造，归结起来就是一个主题：实现中华民族伟大复兴。"

围绕这个主题，习近平总书记首先庄严宣告，经过全党全国各族人民持续奋斗，我们实现了第一个百年奋斗目标，在中华大地上全面建成了小康社会，历史性地解决了绝对贫困问题。

回顾百年征程，习近平总书记精辟概括了中国共产党100年来所取得的伟大成就：一是创造了新民主主义革命的伟大成就；二是创造了社会主义革命和建设的伟大成就；三是创造了改革开放和社会主义现代化建设的伟大成就；四是创造了新时代中国特色社会主义的伟大成就。

概括这些成就，习近平总书记强调，100年来，中国共产党团结带领中国人民，书写了中华民族几千年历史上最恢宏的史诗。"这一百年来开辟的伟大道路、创造的伟大事业、取得的伟大成就，必将载入中华民族发展史册、人类文明发展史册！"

讲话还第一次界定了伟大建党精神，即"坚持真理、坚守理想，践行初心、担当使命，不怕牺牲、英勇斗争，对党忠诚、不负人民”，这是中国共产党的精神之源。

在走过100年的基础上，中国共产党处在一个历史的交汇点上。庆祝中国共产党成立100周年，最重要的是“用历史映照现实、远观未来，从中国共产党的百年奋斗中看清楚过去我们为什么能够成功、弄明白未来我们怎样才能继续成功，从而在新的征程上更加坚定、更加自觉地牢记初心使命、开创美好未来”。

因此，习近平总书记提出了“以史为鉴、开创未来”的九个“必须”：一是必须坚持中国共产党坚强领导；二是必须团结带领中国人民不断为美好生活而奋斗；三是必须继续推进马克思主义中国化；四是必须坚持和发展中国特色社会主义；五是必须加快国防和军队现代化；六是必须不断推动构建人类命运共同体；七是必须进行具有许多新的历史特点的伟大斗争；八是必须加强中华儿女大团结；九是必须不断推进党的建设新的伟大工程。

习近平总书记的讲话，是马克思主义纲领性文献，是高举旗帜、自信昂扬的政治宣言书，是矢志复兴、接续奋斗的时代动员令。我们一定要认真学习贯彻这一重要讲话的精神，把党史学习研究宣传引向深入，更好激发为全面建成社会主义现代化强国而奋斗的信心和力量，在新的赶考路上创造新业绩、书写新篇章。

（摘编自《中国青年报》2021年7月5日）

李忠杰

原中央党史研究室副主任、党史学习教育中央宣讲团成员

甄占民：迈进新征程的政治宣言和行动指南

—

习近平总书记在庆祝中国共产党成立100周年大会上的重要讲话，立足中国共产党百年华诞的重大时刻，站在政治和全局的战略高度，全面回顾党成立100年来的光辉历程和伟大成就，庄严宣告第一个百年奋斗目标的胜利实现，深刻揭示伟大建党精神，系统阐明党带领人民百年奋斗的宝贵经验和深刻启示，明确提出在新的征程上“以史为鉴、开创未来”的根本遵循和实践要求。这一重要讲话以实现中华民族伟大复兴为总揽，贯通历史、现实、未来，贯通伟大斗争、伟大工程、伟大事业、伟大梦想，彰显中国共产党人的自豪、自信和自强，深刻回答了党和国家事业发展面临的重大理论和实践问题，以一系列新思想新观点新论断深化了我们党对共产党执政规律、社会主义建设规律、人类社会发展规律的认识，是一篇马克思主义纲领性文献，是新时代中国共产党人践行初心使命、开启新的征程、争取更大光荣的政治宣言和行动指南。

回望奋斗历程、展望未来前景，是在重大历史时刻对全党全国人民的有力政治动员

历史最有说服力，也最能昭示人，以什么样的态度对待历史，就会

以什么样的态度塑造自己、以什么样的表现塑造未来。由此来观察当代中国共产党所处的历史方位，就会清楚地看到：一方面，中国共产党已带领人民走过100年的光辉历程，成为在最大的社会主义国家执政70多年、拥有9500多万名党员、领导着14亿多人口大国、具有广泛影响力的世界上最大的马克思主义执政党，治国理政能力和成就举世公认，且表现出蓬勃生机和朝气。与此同时，中华民族伟大复兴步入关键期，以民族复兴为己任的中国共产党再次面临着如何带领人民创造未来的重大抉择。另一方面，当今世界正面临百年未有之大变局，新冠肺炎疫情在全球蔓延加剧了这种演变，总趋势是“东升西降”，人类社会再次面临何去何从的历史当口，这就需要矢志为人类进步事业作贡献、带领中国日益走近世界舞台中央的中国共产党作出郑重回答。因此，在这样的重大历史时刻，中国共产党如何对待自己的历史、如何选择自己的未来，关乎党自身的前途命运，关乎中国人民和中华民族的前途命运，关乎世界社会主义运动的前途命运，也关乎人类进步事业的前途命运，全党关注、全社会关注、全世界关注。

在这样的重大历史时刻，习近平总书记发表“七一”重要讲话，回顾党的伟大历程，阐明百年奋斗主题，明确未来发展方向和基本遵循，是一个百年大党承前启后、继往开来的政治宣言，也是对世人考察中国共产党发展走势、发展取向的郑重回应。习近平总书记“七一”重要讲话庄严宣告我们党带领人民实现了第一个百年奋斗目标，在中华大地上全面建成了小康社会，历史性地解决了绝对贫困问题，正在意气风发向着全面建成社会主义现代化强国的第二个百年奋斗目标迈进；鲜明指出100年来中国共产党团结带领中国人民进行的一切奋斗、一切牺牲、一切创造，归结起来就是实现中华民族伟大复兴这个主题；深刻阐明中国共产党为什么能够成功、怎样才能继续成功的经验启示，提出以史为鉴、开创未来的基本遵循和实践指南；要求全党“继续为实现人民对美好生活的向往不懈努力，努力为党和人民争取更大光荣”等。所有这些，都表明了我们党对历史、对未来、对自身高度负责的鲜明态度，表明了我们党不忘初心、牢记使命的坚定意志，表明了我们党为中国人民谋幸福、为中华民族谋复兴、为人类谋进步的历史担当。习近平总书记的重要讲话彰显了我们党的崇高追求，是对全党全国人民开启新的伟大征程的有力动员，意义重大、影响深远。

全面总结百年奋斗的伟大成就，极大增强了党和人民实现中华民族伟大复兴的自豪、自尊和自信

没有比较就没有鉴别。对比中国共产党成立前后的中国历史巨变，对比当代中国和当今世界各国发展状况，中国共产党带领中国人民取得的伟大成就可以说是“当惊世界殊”。100年前中华民族呈现在世人面前的是一派衰败凋零的景象，“国家蒙辱、人民蒙难、文明蒙尘”，而如今向世界展现的是正以不可阻挡的步伐迈向伟大复兴。习近平总书记“七一”重要讲话，紧扣实现中华民族伟大复兴这个主题，系统总结了党带领人民在百年奋斗中创造的“四个伟大成就”，即创造了新民主主义革命的伟大成就，创造了社会主义革命和建设的伟大成就，创造了改革开放和社会主义现代化建设的伟大成就，创造了新时代中国特色社会主义的伟大成就。同这“四个伟大成就”相对应，讲话还用“四个庄严宣告”深刻阐明“四个伟大成就”的伟大历史意义和历史影响。中国共产党由中国梦而来、为中国梦而战、因中国梦而强，党带领人民百

年奋斗的历史功绩赋予党和人民继续前进的志气、骨气和底气。正如习近平总书记所说，当今世界，要说哪个政党、哪个国家、哪个民族能够自信的话，那中国共产党、中华人民共和国、中华民族是最有理由自信的。

从历史演进的视角来分析，“四个伟大成就”以及与其相对应的“四个庄严宣告”，是前后贯通、迭代升级、不断升华的，有其内在的发展逻辑。尽管我们党在带领人民的长期奋斗中，在不同的历史时期面临不同的社会主要矛盾、不同的形势任务，但实现中华民族伟大复兴构成了各个不同历史时期的共有主题和共同方向，而每个时期的奋斗成就，都为后一个时期的发展进步创造了条件、提供了前提、奠定了基础。特别是党的十八大以来，在以习近平同志为核心的党中央坚强领导下，中国特色社会主义进入新时代，党和国家事业取得历史性成就、发生历史性变革，为实现中华民族伟大复兴提供了更为完善的制度保证、更为坚实的物质基础、更为主动的精神力量，从而使中华民族迎来了从站起来、富起来到强起来的伟大飞跃，迎来实现伟大复兴的光明前景。这样的历史进程和演进逻辑也表明，党带领人民经过百年不懈奋斗，已经成功开辟出一条实现中华民族伟大复兴的正确道路，使我们有充分的理由在中国特色社会主义道路上不断推动中国的历史进步。

深刻揭示党不懈奋斗的精神之源，为全党弘扬光荣传统、赓续红色血脉提供了根本指引

精神的力量是无穷的。习近平总书记指出：“精神是一个民族赖以长久生存的灵魂，唯有精神上达到一定的高度，这个民族才能在历史的洪

流中屹立不倒、奋勇向前。”伟大的奋斗精神，是中国共产党人锻造自己的特殊元素，是历经百年而风华正茂、饱经磨难而生生不息的强大支撑。习近平总书记在“七一”重要讲话中，从先驱们创建中国共产党的伟大实践中提炼出32字的伟大建党精神——坚持真理、坚守理想，践行初心、担当使命，不怕牺牲、英勇斗争，对党忠诚、不负人民，并明确指出这是中国共产党的精神之源。这为我们党构建强大的精神世界提供了根本坐标，为立党兴党强党提供了丰厚滋养，也为弘扬光荣传统、赓续红色血脉提供了内在支撑。

伟大建党精神，深刻揭示了中国共产党创建的重要成果，彰显中国共产党人的精神“火种”和精神灵魂。如果说“初心和使命”着重回答了中国共产党为什么出发、向着什么目标奋进的问题，那么伟大建党精神则着重回答了中国共产党以什么样的精神出发、以什么样的状态不断前行的问题。习近平总书记指出，“中国共产党弘扬伟大建党精神，在长期奋斗中构建起中国共产党人的精神谱系，锤炼出鲜明的政治品格”。从过去的红船精神、井冈山精神到现在的伟大抗疫精神、脱贫攻坚精神，中国共产党人在长期奋斗中构筑起自己的精神谱系，而伟大建党精神则是整个精神谱系的源泉、核心和要义。把握了伟大建党精神，就抓住了中国共产党人精神谱系的“纲”，就能更好地认识“中国共产党人何以是中国共产党人”的鲜明标识。可以说，鲜明提出伟大建党精神，为我们党在新征程上不断锻造各种新的伟大精神、形成强大的精神力量提供了最为深厚的思想驱动力。

系统阐明“以史为鉴、开创未来”的根本要求，为走好新的赶考之路指明正确方向

中国共产党之所以伟大，就在于始终保持着以历史昭示未来的高度自觉，在顺应历史潮流中掌握历史主动。习近平总书记在“七一”重要讲话中，从“看清楚过去我们为什么能够成功、弄明白未来我们怎样才能继续成功”出发，围绕“以史为鉴、开创未来”，鲜明提出“九个必须”的根本要求，即必须坚持中国共产党坚强领导，必须团结带领中国人民不断为美好生活而奋斗，必须继续推进马克思主义中国化，必须坚持和发展中国特色社会主义，必须加快国防和军队现代化，必须不断推动构建人类命运共同体，必须进行具有许多新的历史特点的伟大斗争，必须加强中华儿女大团结，必须不断推进党的建设新的伟大工程。这是对百年历史经验的深刻揭示，是对时代发展大势的科学把握，为我们党团结带领人民在新的征程上更加坚定、更加自觉地牢记初心使命、开创美好未来指明了正确方向。

这“九个必须”，涵盖治党治国治军、内政外交国防等各个方面，贯穿宏阔的历史视野、系统的战略思考和强烈的创造精神，系统阐明中国共产党人牢记初心使命、争取更大光荣的方向道路、立场原则和基本要求。习近平总书记“七一”重要讲话强调必须坚持党的全面领导，不断完善党的领导，增强“四个意识”、坚定“四个自信”、做到“两个维护”，牢记“国之大者”，不断提高党科学执政、民主执政、依法执政水平，深刻回答了在新的征程上如何保持党和国家正确方向、更好发挥制度优势的问题；强调江山就是人民、人民就是江山，坚持全心全意为人民服务的根本宗旨，站稳人民立场，贯彻党的群众路线，践行以人民为

中心的发展思想，深刻回答了在新的征程上如何坚持人民立场、坚守人民价值追求的问题；强调坚持马克思主义基本原理，坚持实事求是，从中国实际出发，洞察时代大势，把握历史主动，进行艰辛探索，不断推进马克思主义中国化时代化，深刻回答了在新征程上如何赢得历史主动、始终站在历史正确一边的问题；强调走自己的路，是党的全部理论和实践立足点，更是党百年奋斗得出的历史结论，中国特色社会主义是实现中华民族伟大复兴的正确道路，必须坚持党的基本理论、基本路线、基本方略，在自己选择的道路上昂首阔步走下去，深刻回答了在新的征程上如何继续走好中国的成功之路、继续开辟人类文明新境界的问题；强调敢于斗争、敢于胜利，是中国共产党不可战胜的强大精神力量，必须增强忧患意识、始终居安思危，贯彻总体国家安全观，统筹发展和安全，统筹中华民族伟大复兴战略全局和世界百年未有之大变局，敢于斗争、善于斗争，逢山开道、遇水架桥，勇于战胜一切风险挑战，深刻回答了在新的征程上如何以坚定意志战胜风险挑战、不断从胜利走向胜利的问题等。“九个必须”来自历史总结、又着眼未来发展，紧扣重大问题、又明确奋斗方向，为我们党带领人民走好新的赶考之路、争取新的更大光荣确立了行动指南。

习近平总书记“七一”重要讲话，坚持以辩证唯物主义和历史唯物主义世界观方法论洞察历史发展、回答时代之问，提出一系列新的重要思想、重要观点和重要论断。比如，提出中国共产党带领人民百年历史奋进的主题是“实现中华民族伟大复兴”，提出“中华民族伟大复兴进入了不可逆转的历史进程”，提出“伟大建党精神”，提出中国共产党“从来不代表任何利益集团、任何权势团体、任何特权阶层的利益”，提出“发展全过程人民民主”，提出“坚持把马克思主义基本原理同中国具体实际相结合、同中华优秀传统文化相结合”，提出中国特色社会主义“创造了中国式现代化新道路，创造了人类文明新形态”，提出“弘扬和平、发展、公平、正义、民主、自由的全人类共同价值”等。这些新思想、新观点、新论断，彰显着马克思主义的理论光芒、价值光辉和道义力量，进一步丰富和发展了习近平新时代中国特色社会主义思想，丰富和发展了当代中国马克思主义、21世纪马克思主义。

（摘编自《光明日报》2021年7月12日）

甄占民

中共中央党校（国家行政学院）副校（院）长、中共中央党校（国家行政学院）习近平新时代中国特色社会主义思想研究中心副主任

林建华：“以史为鉴、开创未来”的行动指南

在庆祝中国共产党成立100周年大会上，习近平总书记发表重要讲话，回顾中国共产党百年奋斗的光辉历程，展望中华民族伟大复兴的光明前景，向全中国和全世界公开阐明中国共产党人的性质立场宗旨、成就经验精神、主题目标方向。讲话贯穿着辩证唯物主义和历史唯物主义的世界观方法论，内容博大精深，思想撼人心魄，是一篇闪耀着马克思主义真理光芒的纲领性文献，是“以史为鉴、开创未来”的行动指南，是激励全党全国各族人民奋力踏上全面建成社会主义现代化强国第二个百年奋斗目标新征程、致力实现中华民族伟大复兴中国梦的21世纪中国共产党宣言。

中国共产党的性质、立场和宗旨恒定如初

中国共产党是以马克思主义作为指导思想的。中国共产党一经诞生，它所面对和需要解决的时代问题就是民族独立、人民解放和国家富强、人民幸福，这就决定了它的性质、立场和宗旨。

中国共产党是中国工人阶级的先锋队，同时是中国人民和中华民族

的先锋队，它始终坚持唯物史观，始终坚持人民立场，始终坚持为中国人民谋幸福、为中华民族谋复兴的初心使命，始终坚持全心全意为人民服务的宗旨。在党成立100年这个特殊的时间节点上，习近平总书记斩钉截铁地指出：“中国共产党始终代表最广大人民根本利益，与人民休戚与共、生死相依，没有任何自己特殊的利益，从来不代表任何利益集团、任何权势团体、任何特权阶层的利益。”100年来，中国共产党人初心如磐、使命如山，且恒定如初。

中国共产党深深懂得“中国共产党根基在人民、血脉在人民、力量在人民”的道理，深深懂得“江山就是人民、人民就是江山”的逻辑；一直生动讲述着“淮海战役的胜利是靠老百姓用小车推出来的，渡江战役的胜利是靠老百姓用小船划出来的”“什么是共产党？共产党就是自己有一条被子，也要剪下半条给老百姓的人”等精彩故事。中国共产党一直忠实践行着“我将无我、不负人民”的崇高理念，自觉维护人民群众的根本利益，坚持人民的利益高于一切，为了人民的利益勇于牺牲一切。

人民当家作主是当代中国社会的真实写照。中国共产党永远把人民放在最高位置，始终如一贯彻党的群众路线，尊重人民首创精神，一切为了人民、一切依靠人民。在新时代，中国共产党更加自觉坚持人民利益至上，践行以人民为中心的发展思想，发展全过程人民民主，维护社会公平正义，着力解决发展不平衡不充分问题和人民群众急难愁盼问题，全面小康路上一个都不能少，历史性地解决了绝对贫困问题，推动人的全面发展、全体人民共同富裕取得更为明显的实质性进展，幸福感获得感安全感不断提升是人民群众最真切的体验。因此，把中国共产党和中国人民分割开来、对立起来的想法和做法，要么是出于对历史和现实的无知，要么就是别有用心、别有企图，但这是绝不会得逞的。习近平总书记指出：“9500多万中国共产党人不答应，14亿多中国人民也不答应！”中国共产党和人民群众心连心、同呼吸、共命运，中华儿女大团结，中华民族傲然屹立于世界民族之林，既是历史经验，更是宝贵财富。

中国共产党的成就、经验和精神彪炳史册

在中国人民和中华民族的伟大觉醒中，在马克思列宁主义同中国工人运动的紧密结合中，中国共产党应运而生。中国共产党诞生于国家蒙辱、人民蒙难、文明蒙尘的劫难岁月。实现中华民族伟大复兴，是中国人民和中华民族最伟大的梦想。100年来，“实现中华民族伟大复兴”始终是中国共产党人念兹在兹的主题，“奋斗”始终是中国共产党和中国人民高昂的主旋律。习近平总书记指出：“一百年来，中国共产党团结带领中国人民进行的一切奋斗、一切牺牲、一切创造，归结起来就是一个主题：实现中华民族伟大复兴。”这是因为，只有创造过辉煌的民族，才懂得复兴的意义和力量；只有经历过苦难的民族，才对复兴有如此的执着和渴望。

人是要有一种精神的，一个国家、一个民族是要有一种精神的，一个政党是要有一种精神的。人无精神不立，国无精神不强，党无精神不进。100年来，中国共产党人团结带领中国人民英勇顽强奋斗，变化的是时空方位，不变的是中国共产党人的精神品格、精神气质、精神风范。“落其实者思其树，饮其流者怀其源。”“坚持真理、坚守理想，践行初心、担当使命，不怕牺牲、英勇斗争，对党忠诚、不负人民”是中国共

产党的伟大建党精神，是中国共产党的精神之源，并在中国共产党团结带领中国人民的长期奋斗中得到弘扬，从而构建起中国共产党人的精神谱系，构筑起中国共产党人的精神穹宇。

弘扬伟大建党精神，中国共产党人锻造出“实事求是、坚持真理，科学应变、主动求变，咬定目标、勇往直前”的精神力量，先后创造了新民主主义革命的伟大成就、社会主义革命和建设的伟大成就、改革开放和社会主义现代化建设的伟大成就、新时代中国特色社会主义的伟大成就，实现了“一穷二白”、人口众多的东方大国大步迈进社会主义的历史性飞跃，实现了从高度集中的计划经济体制到充满活力的社会主义市场经济体制、从被封锁被遏制到全方位开放的历史性转变，实现了从生产力相对落后的状况到经济总量跃居世界第二的历史性突破，实现了人民生活从温饱不足到总体小康、奔向全面小康的历史性跨越，实现了第一个百年奋斗目标，在中华大地上全面建成了小康社会，党和国家事业取得了历史性成就、发生了历史性变革，实现中华民族伟大复兴进入了不可逆转的历史进程。所有这些，都是中国共产党人作出的历史性贡献，彰显了中国共产党强大的领导力、组织力、感召力，同时，更是中华民族和中国人民的伟大光荣，彰显了中国人的志气、骨气、底气。

历史进程、历史成就凝结着宝贵经验、冶铸了伟大精神。总结经验就是以史为鉴，就是为了更好前进，开创更加美好的未来。中国共产党是善于总结经验的政党。1939 年 10 月，毛泽东同志在《〈共产党人〉发刊词》中就总结道：“统一战线，武装斗争，党的建设，是中国共产党在中国革命中战胜敌人的三个法宝，三个主要的法宝。这是中国共产党的伟大成绩，也是中国革命的伟大成绩。”截至 2021 年 6 月 5 日，中国共产党已经拥有 9500 多万名党员，领导着 14 亿多人口的大国，是具有重大全球影响力的世界第一大执政党。它的经历异常丰富，它的经验异常厚重，概括起来就是：必须坚持中国共产党坚强领导，必须团结带领中国人民不断为美好生活而奋斗，必须继续推进马克思主义中国化，必须坚持和发展中国特色社会主义，必须加快国防和军队现代化，必须不断推动构建人类命运共同体，必须进行具有许多新的历史特点的伟大斗争，必须加强中华儿女大团结，必须不断推进党的建设新的伟大工程。这是我们党对党的百年经验的首次集中概括，这是新时代中国共产党人必须珍惜的九个主要的法宝，是中国共产党的伟大成绩，也是中国共产党百年奋斗的伟大成绩。“振叶以寻根，观澜而索源。”用历史映照现实、远观未来，我们弄清楚了过去我们为什么能够成功，就是为了弄明白未来我们怎样才能继续成功。

中国共产党的主题、目标和方向彰显大道

中华民族是世界上伟大的民族，有着5000多年绵延不绝、源远流长的文明历史，为人类文明进步作出了不可磨灭的卓越贡献。但是，进入近代以后，几乎所有的帝国主义国家都侵略过中国，帝国主义和中华民族的矛盾、封建主义和人民大众的矛盾成为中国社会的主要矛盾，而帝国主义和中华民族的矛盾则是最主要矛盾。哪里有压迫，哪里就有反抗。因此，实现中华民族伟大复兴就成为近代以来中国的主题，民族独立、民族振兴、民族复兴就成为中国仁人志士特别是中国共产党英勇顽强奋斗的主线。

中国共产党的成立，深刻改变了近代以后中华民族发展的方向和进程，深刻改变了中国人民和中华民族的前途和命运，深刻改变了世界发

展的趋势和格局。中国共产党团结带领中国人民进行的奋斗在不同时期取得的伟大成就，先后为实现中华民族伟大复兴创造了根本社会条件、奠定了根本政治前提和制度基础、提供了充满新的活力的体制保证和快速发展的物质条件，进而提供了更为完善的制度保证、更为坚实的物质基础、更为主动的精神力量。新中国成立，中国人民由此站起来了，中华民族任人宰割、饱受欺凌的时代一去不复返了，尤为重要的是实现中华民族伟大复兴进入了不可逆转的历史进程。100年前，中华民族呈现在世界面前的是一派衰败凋零的景象，那时的中国存亡就在旦夕之间，甚至有被开除球籍的危险。今天，中华民族向世界展现的是一派欣欣向荣的气象，比历史上任何时期都更接近、更有信心和能力实现中华民族伟大复兴的目标，且正以不可阻挡的步伐迈向伟大复兴，正日益走近世界舞台中央。

在实现民族复兴的伟大进程中，中国共产党团结带领中国人民在千疮百孔、百废待兴的烂摊子上，自力更生、发愤图强，先后解决了人民生活的温饱问题、总体上达到了小康水平，继而全面建成了小康社会。今天，正意气风发地向着全面建成社会主义现代化强国的第二个百年奋斗目标进军。中国共产党人的视野是跨越时空的。中国共产党始终把现代化作为自己的不懈追求。从“一五”计划到“十四五”规划，建设社会主义现代化国家是执政的中国共产党人一以贯之的主题。

党的十八大以来，中国共产党人回答了新时代坚持和发展什么样的中国特色社会主义、怎样坚持和发展中国特色社会主义这个重大课题。全面建设社会主义现代化国家，归根到底，就是回答和解决如何彰显社会主义制度优越性的问题。中国有自身独特的文化传统、历史命运、现实国情，中国进行社会主义现代化建设，没有可以效仿的先例。但是，有志气、骨气、底气的中国人民和中国共产党绝不接受“教师爷”般颐指气使的说教。结合“两个一百年”奋斗目标，党的十九大对决胜全面建成小康社会、开启全面建设社会主义现代化国家新征程作出新的战略部署和安排。从党的十九大到二十大，是“两个一百年”奋斗目标的历史交汇期，从2020年到21世纪中叶分两个阶段来安排。第一个阶段，从2020年到2035年，在全面建成小康社会的基础上，再奋斗15年，基本实现社会主义现代化。第二个阶段，从2035年到21世纪中叶，在基本实现现代化的基础上，再奋斗15年，把我国建成富强民主文明和谐美丽的社会主义现代化强国。这一战略部署和安排，是一种提速，把基本实现社会主义现代化的时间提前了15年；是一种提质，把到21世纪中叶建成社会主义现代化国家提升为建成社会主义现代化强国。中国共产党创造出中国式现代化新路。中国式现代化是社会主义现代化，而不是别的什么现代化。中国式现代化，新在它是充分体现基本国情和人口规模巨大的现代化，新在它是全体人民共同富裕的现代化，新在它是物质文明和精神文明相协调的现代化，新在它是人与自然和谐共生的现代化，新在它是坚持走和平发展道路的现代化。

不知道为什么建设，就不能真正建设。不知道前进的方向，就一步也不能前进。中国共产党始终公开自己的意图和主张，让人民群众更多知道我们党正在做什么、还要做什么，而这对坚定信心、取得胜利至为关键。在新的征程上，习近平总书记代表党中央号召全体共产党员，牢记初心使命，坚定理想信念，践行党的宗旨，永远保持同人民群众的血肉联系，始终同人民想在一起、干在一起，风雨同舟、同甘共苦，继续为实现人民对美好生活的向往不懈努力，走好实现第二个百年奋斗目标新的赶考之路，努力为党和人民争取更大光荣。

中国共产党立志于中华民族千秋伟业，百年恰是风华正茂！中国共产党的主题、目标和方向彰显的是大道、正道。恩格斯曾指出：“一个知道自己的目的，也知道怎样达到这个目的的政党，一个真正想达到这个目的并且具有达到这个目的所必不可缺的顽强精神的政党——这样的政党将是不可战胜的，特别是在当前这样的情况下，如果它的一切要求都符合本国经济发展的需要，而且正是这种经济发展的政治表现的话，那就更是如此。”百年中国共产党正是这样的政党。没有共产党就没有新中国，是真理之歌。没有共产党就没有社会主义，就没有中国特色社会主义，就没有中华民族伟大复兴，是新时代的真理之歌。习近平总书记指出：“回首过去，展望未来，有中国共产党的坚强领导，有全国各族人民的紧密团结，全面建成社会主义现代化强国的目标一定能够实现，中华民族伟大复兴的中国梦一定能够实现！”自信风云二百年，谱写强党新篇章。百年中国共产党正是这样的政党。

（摘编自《北京日报》2021 年 7 月 5 日）

林建华

中国社会科学院马克思主义研究院副院长、教授、博士生导师

潘碧灵：从习近平总书记“七一”重要讲话中我们读到了什么

2021 年 7 月 1 日，庆祝中国共产党成立 100 周年大会在北京隆重召开，100 年前的觉醒，100 年来的奋斗，连接着中国的昨天、今天和明天。习近平总书记的重要讲话以大历史观深刻总结了中国共产党不懈奋斗的光辉历程和“四个伟大成就”，深刻阐述了以史为鉴、开创未来“九个必须”的具体要求，深刻阐明了中华民族伟大复兴的光明前景，从中我们读到的是百年大党“为什么能”如磐初心、新的赶考路上的忧患警醒和朝着第二个百年奋斗目标迈进的必胜信心，更读到了中国共产党人为实现中华民族伟大复兴所展现出来的底气、勇气、豪气！

100 年来，中国共产党团结带领中国人民书写了中华民族几千年历史上最恢宏的史诗。当今世界，要说哪个政党、哪个国家、哪个民族能够自信的话，那中国共产党、中华人民共和国、中华民族是最有理由自信的。

这底气来自科学理论的指导。马克思主义是中国共产党的灵魂和旗帜，中国共产党把马克思主义作为立党立国的根本指导思想。中国共产党为什么能，归根到底是因为马克思主义行！中国共产党自成立起，就始终坚守共产主义理想信念，不断推进马克思主义中国化，始终坚守为中国人民谋幸福、为中华民族谋复兴的初心和使命，赢得了全国各族人民、各民主党派和各界人士最广泛的支持和拥护。

这底气来自以人民为中心的发展思想。中国共产党没有任何自己特殊的利益，从来不代表任何利益集团、任何权势团体、任何特权阶层的利益。江山就是人民、人民就是江山，正因为中国共产党始终代表最广大人民根本利益，从而得到了包括各民主党派在内的全国各族人民的拥戴和支持。中国共产党的领导是历史的选择、人民的选择。

这底气来自勇于自我革命。勇于自我革命是中国共产党区别于其他政党的显著标志。中国共产党历经苦难挫折、千锤百炼而朝气蓬勃、风华正茂，一个很重要的原因就是始终坚持党要管党、全面从严治党，坚持真理，修正错误，不断推进以自我净化、自我完善、自我革新、自我提高为关键的自我革命，始终保持生机活力和坚强团结，在世界形势深刻变化的历史进程中走在了时代前列。

这底气来自创造的丰功伟绩。在100年波澜壮阔的历史进程中，中国共产党团结带领全国人民在中华大地上全面建成了小康社会，历史性地解决了几千年来的绝对贫困问题，用几十年的时间走完了西方发达国家几百年才走完的发展道路，使中华民族迎来了从站起来、富起来到强起来的伟大飞跃，交出了一份又一份优异答卷、创造了一个又一个历史奇迹。历史已经证明并将进一步证明，没有共产党就没有新中国，也就没有中华民族的伟大复兴。

当今世界风云变幻，面临百年未有之大变局，以美国为首的少数西方国家对我们党和国家全面施压，但我们要有强烈的家国情怀，不畏强权、敢于斗争，对国内外敌对分子予以有力的警示和回击。

这勇气体现在党与人民的血肉联系上。中国共产党根基在人民、血脉在人民、力量在人民，始终与人民休戚与共、生死相依。自己有一条被子，也要剪下半条给老百姓，这就是伟大、光荣、正确的中国共产党，“最后一碗米送去做军粮，最后一尺布送去做军装，最后一件老棉袄盖在担架上，最后一个亲骨肉送去上战场”，这就是伟大、光荣、英雄的中国人民。“任何想把中国共产党同中国人民分割开来、对立起来的企图，都是绝不会得逞的！ 9500 多万中国共产党人不答应！ 14 亿多中国人民也不答应！”

这勇气体现在坚持和发展中国道路上。中国共产党解放思想、锐意进取、改革开放，开创了中国道路。历史和实践都充分证明，中国道路是中国共产党和中国人民在长期实践中逐步开辟出来的唯一正确道路，是实现民族复兴、国家富强、人民幸福的康庄大道，中国共产党和中国人民正在自己选择的道路上阔步向前。“我们积极学习借鉴人类文明的一切有益成果，欢迎一切有益的建议和善意的批评，但我们绝不接受‘教师爷’般颐指气使的说教！”中国发展进步的命运将牢牢掌握在我们自己手中。

这勇气体现在祖国完全统一上。中华民族是拥有 5000 年多年历史的优秀民族，在漫长的历史进程中，大部分时间都是统一的。自秦汉以来，我国作为一个统一的多民族国家不断形成和发展。近代以来，帝国主义入侵和国民党反动派挑起内战，导致了海峡两岸割裂的局面。实现祖国完全统一，是中国共产党矢志不渝的历史任务，是全体中华儿女的共同愿望。这是中国内政问题，不允许任何外国势力干涉。“任何人都不要低估中国人民捍卫国家主权和领土完整的坚强决心、坚定意志、强大能力！”

这勇气体现在构建人类命运共同体上。当前，国际上保护主义、单边主义、霸凌行径逆流而动，扰乱全球治理。中国从容应对，积极维护多边主义和国际关系民主化，为构建开放型世界经济提供新动力，为维护以国际法为基础的国际秩序作出新贡献。“中国人民从来没有欺负、压迫、奴役过其他国家人民，过去没有，现在没有，将来也不会有。同时，中国人民也绝不允许任何外来势力欺负、压迫、奴役我们，谁妄想这样干，必将在14亿多中国人民用血肉筑成的钢铁长城面前碰得头破血流！”

中国共产党的百年奋斗，深刻改变了近代以来中国人民和中华民族的前途和命运，深刻改变了世界发展的趋势和格局。我们实现了第一个百年奋斗目标，正在意气风发向着全面建成社会主义现代化强国的第二个百年奋斗目标迈进。

这豪气来自中国共产党和中国人民以英勇顽强的奋斗向世界庄严宣告：中国人民站起来了，中华民族任人宰割、饱受欺凌的时代一去不复返了！这“庄严宣告”昭示的伟大精神，正是“坚持真理、坚守理想，践行初心、担当使命，不怕牺牲、英勇斗争，对党忠诚、不负人民”的伟大建党精神。这100年来开辟的伟大道路、创造的伟大事业、取得的伟大成就，必将载入中华民族发展史册、人类文明发展史册！

这豪气来自中国共产党和中国人民以英勇顽强的奋斗向世界庄严宣告：中国人民不但善于破坏一个旧世界，也善于建设一个新世界。这“庄严宣告”所蕴含的历史启示，正是100年来，为了实现中华民族伟大复兴的历史使命，无论是弱小还是强大，无论是顺境还是逆境，中国共产党都初心不改、矢志不渝，团结带领人民历经千难万险，付出巨大牺牲，攻克了一个又一个看似不可攻克的难关，创造了一个又一个彪炳史册的人间奇迹！

这豪气来自中国共产党和中国人民以英勇顽强的奋斗向世界庄严宣告：改革开放是决定当代中国前途命运的关键一招，中国大踏步赶上了时代！这“庄严宣告”贯穿的发展主题，正是确立了社会主义初级阶段的基本路线，坚定不移推进改革开放，逐步建立了独立完整的工业体系和国民经济体系，为实现中华民族伟大复兴提供了充满新的活力的体制保证和快速发展的物质条件。

这豪气来自中国共产党和中国人民以英勇顽强的奋斗向世界庄严宣告：中华民族迎来了从站起来、富起来到强起来的伟大飞跃，实现中华民族伟大复兴进入了不可逆转的历史进程！这“庄严宣告”所彰显的伟大功绩，正是我们实现了第一个百年奋斗目标，在中华大地上全面建成了小康社会。现在，中国共产党团结带领中国人民又踏上了实现第二个百年奋斗目标新的赶考之路。

千秋伟业，百年风华。我们坚信，有中国共产党的坚强领导，有中国共产党人的底气、勇气和豪气，中国的建设目标一定能够实现，中华民族伟大复兴的中国梦一定能够实现！

（摘编自《消费日报》2021年7月5日，原标题为《从“七一”重要讲话中我们读到了什么》）

潘碧灵

全国政协常委、民进中央常委、民进湖南省委会主委

第　二　章

CHAPTER 2

深入领会全面建成小康社会的历史性成就

我代表党和人民庄严宣告，经过全党全国各族人民持续奋斗，我们实现了第一个百年奋斗目标，在中华大地上全面建成了小康社会，历史性地解决了绝对贫困问题，正在意气风发向着全面建成社会主义现代化强国的第二个百年奋斗目标迈进。这是中华民族的伟大光荣！这是中国人民的伟大光荣！这是中国共产党的伟大光荣！

施芝鸿：决胜全面建成小康社会
顶层设计二十部曲

——

2021年7月1日，习近平总书记在庆祝中国共产党成立100周年大会上向党内外、国内外庄严宣告：“经过全党全国各族人民持续奋斗，我们实现了第一个百年奋斗目标，在中华大地上全面建成了小康社会，历史性地解决了绝对贫困问题，正在意气风发向着全面建成社会主义现代化强国的第二个百年奋斗目标迈进。这是中华民族的伟大光荣！这是中国人民的伟大光荣！这是中国共产党的伟大光荣！”

在中国共产党百年华诞之际，重温2012年11月29日习近平总书记在参观《复兴之路》展览时的历史性宣示“我坚信，到中国共产党成立100年时全面建成小康社会的目标一定能实现，到新中国成立100年时建成富强民主文明和谐的社会主义现代化国家的目标一定能实现，中华民族伟大复兴的梦想一定能实现”，总结梳理决胜全面建成小康社会顶层设计的二十部曲，就能加深理解为什么说“一百年来，中国共产党团结带领中国人民进行的一切奋斗、一切牺牲、一切创造，归结起来就是一个主题：实现中华民族伟大复兴”；就能加深理解为什么说“过去一百年，中国共产党向人民、向历史交出了一份优异的答卷。现在，中国共产党团结带领中国人民又踏上了实现第二个百年奋斗目标新的赶考之路”；就能加深理解“永远把伟大建党精神继承下去、发扬光大”的极端重要性；就能加深理解“以史为鉴、开创未来”要全面做到“九个必须”的极端重要性。

第一部曲

2011年，习近平同志在主持起草党的十八大报告时，带领文件起草组精心谋划了全面建成小康社会和全面深化改革开放“两个全面”并列的奋斗目标。

党的十八大闭幕后，2012年11月17日，习近平总书记在十八届中共中央政治局第一次集体学习时强调，党的十八大报告勾画了在新的历史条件下全面建成小康社会、加快推进社会主义现代化、夺取中国特色社会主义新胜利的宏伟蓝图，是我们党团结带领全国各族人民沿着中国特色社会主义道路继续前进、为全面建成小康社会而奋斗的政治宣言和行动纲领。全党全国要同心同德、埋头苦干，锐意创新、开拓进取，共同为实现党的十八大提出的全面建成小康社会和全面深化改革开放的目标而奋斗。党的十八大报告首次把“全面建设小康社会”改为“全面建成小康社会”，同时提出了与之并列的“全面深化改革开放”。“两个并列”的提法，大有新意和深意：新意在于用“全面建成小康社会”标志了“下半场”；深意则在于用“全面深化改革开放”激发的动力、焕发的活力助力“全面建成小康社会”，并为此后提出“四个全面”战略布局预设了伏笔。

第二部曲

2012 年 11 月 15 日，在十八届中共中央政治局常委同中外记者见面时，习近平总书记把全面建成小康社会和全面深化改革开放的奋斗目标，分解为更加具体的“十个更”目标。

“我们的人民热爱生活，期盼有更好的教育、更稳定的工作、更满意的收入、更可靠的社会保障、更高水平的医疗卫生服务、更舒适的居住条件、更优美的环境，期盼孩子们能成长得更好、工作得更好、生活得更好。人民对美好生活的向往，就是我们的奋斗目标。”习近平总书记在十八届中共中央政治局常委同中外记者见面时表示，新一届中央领导集体的责任，“就是要团结带领全党全国各族人民，接过历史的接力棒，继续为实现中华民族伟大复兴而努力奋斗”，“责任重于泰山，事业任重道远。我们一定要始终与人民心心相印、与人民同甘共苦、与人民团结奋斗，夙夜在公，勤勉工作，努力向历史、向人民交出一份合格的答卷”。这段上任伊始的重要宣示，把党的十六大提出的全面建设惠及十几亿人口的更高水平的小康社会，“使经济更加发展、民主更加健全、科教更加进步、文化更加繁荣、社会更加和谐、人民生活更加殷实”这“六个更”的奋斗目标，具体化为更接地气、直抵人心的“十个更”奋斗目标，使党心与民心更加心心相印、党性与人民性更加有机交融。

第三部曲

2012 年 11 月 29 日，习近平总书记在参观《复兴之路》展览时，把全面建成小康社会奋斗目标同实现中华民族伟大复兴目标一道凝聚为中国梦，并且表达了“三个一定能实现”的信心。

实现中华民族伟大复兴，就是中华民族近代以来最伟大的梦想。这个梦想，凝聚了几代中国人的夙愿，体现了中华民族和中国人民的整体利益，是每一个中华儿女的共同期盼。历史告诉我们，每个人的前途命运都与国家和民族的前途命运紧密相连。实现中华民族伟大复兴是一项光荣而艰巨的事业，需要一代又一代中国人共同为之努力。空谈误国，实干兴邦。要承前启后、继往开来，把我们的党建设好，团结全体中华儿女把我们国家建设好；把我们民族发展好，继续朝着中华民族伟大复兴的目标奋勇前进。习近平总书记在参观《复兴之路》展览时强调，“到中国共产党成立 100 年时全面建成小康社会的目标一定能实现，到新中国成立 100 年时建成富强民主文明和谐的社会主义现代化国家的目标一定能实现，中华民族伟大复兴的梦想一定能实现”。党的十八大以来，全面建成小康社会进入决胜阶段，实现这个目标是实现中华民族伟大复兴中国梦的关键一步。这在一个更高的政治站位上，点燃了全党全国各族人民从实现中国梦的高度去决胜全面建成小康社会的满腔热情，把决胜全面建成小康社会凝聚成万众一心、众志成城的磅礴力量。

第四部曲

2012 年 12 月，在首次出京考察广东时，习近平总书记提出“两个没有”“两个加大”“两个统筹”“两个推进”，指明了决胜全面建成小康社会的重点和难点在农村、在欠发达地区。

没有农村的全面小康和欠发达地区的全面小康，就没有全国的全面小康。全面建成小康社会要求统筹城乡发展、统筹区域发展力度，逐步缩小城乡区域发展差距，加大对欠发达地区和农村的扶贫力度，促进工业化、信息化、城镇化、农业现代化同步发展，促进城乡区域共同繁荣。对于决胜全面建成小康社会该选择什么样的切入点、突破口，以习近平同志为核心的党中央已是了然于心、成竹在胸。

第五部曲

2012年末在河北省阜平县考察、2013年在中央农村工作会议上和此后到湖北考察调研时，习近平总书记提出“小康不小康、关键看老乡”和决胜全面建成小康社会的“三要三必须”。

小康不小康，关键看老乡。建成小康社会，难点在农村。中国要强，农业必须强；中国要美，农村必须美；中国要富，农民必须富。农业基础稳固，农村和谐稳定，农民安居乐业，整个大局就有保障，各项工作都会比较主动。习近平总书记强调，“决不能落下一个贫困地区、一个贫困群众”。自此，新时代我国脱贫攻坚人民战争的序幕徐徐拉开。

第六部曲

2014年12月，习近平总书记在中央经济工作会议上提出“扶贫工作事关全局”，还催人奋进地提出了全面建成小康社会的“6年倒计时”。

中央经济工作会议上，习近平总书记把扶贫工作放到了“事关全局”

的高度，“到二〇二〇年全面建成小康社会还有六年时间。从目前看，我国经济总量不断扩大，中产阶层比重稳步增加，但要全面完成扶贫任务很不容易。扶贫工作事关全局，全党必须高度重视。做不好，不但贫困群众不满意，人们也会怀疑全面建成小康社会的真实性”。

2014 年 3 月，习近平总书记参加全国政协十二届二次会议少数民族界委员联组讨论时强调，小康不小康，关键看老乡。看老乡，千万别忽视了分布在农村牧区、边疆广大地区的少数民族群众。确保民族地区如期全面建成小康社会，要实事求是、因地制宜，既坚持一定标准，又防止好高骛远，既考虑到 2020 年这个时间节点，又立足于打基础、谋长远、见成效。要发挥“三个积极性”，即发挥好中央、发达地区、民族地区的积极性，对边疆地区、贫困地区、生态保护区实行差别化的区域政策，优化转移支付和对口交接体制机制，把政策动力和内生潜力有机结合起来。

2014 年 11 月，习近平总书记在福建调研时强调，当年苏区老区人民为了革命和新中国的成立不惜流血牺牲，今天这些地区有的还比较贫困，要通过领导联系、山海协作、对口帮扶，加快科学扶贫和精准扶贫，支持和帮助贫困地区和贫困群众尽快脱贫致富奔小康，决不能让一个苏区老区掉队。

第七部曲

2014 年，继党的十八大报告和党的十八届三中全会提出和重申“两个全面”之后，习近平总书记在党的十八届四中全会提出了包括“全面依法治国”在内的“三个全面”，并且把推进国家治理体系和治理能力现代化纳入全面深化改革的总目标。

全面推进依法治国是全面建成小康社会和全面深化改革开放的重要保障。党的十八届三中全会、四中全会分别将全面深化改革、全面依法治国作为主题并作出决定，有其紧密的内在逻辑，是一个总体战略部署在时间轴上的顺序展开。全面建成小康社会、全面深化改革都离不开全面依法治国，要让全面深化改革、全面依法治国像两个轮子，共同推动全面建成小康社会的事业滚滚向前。在2015年新年贺词中，习近平总书记更加鲜明地指出，“全面深化改革、全面推进依法治国如鸟之两翼、车之双轮，推动全面建成小康社会的目标如期实现”。

第八部曲

2015年，习近平总书记在中央扶贫开发工作会议上“发出打赢脱贫攻坚战的总攻令”，并且提出实现扶贫、脱贫“六个精准”“五个一批”的总体要求，以及执行脱贫攻坚一把手负责制，构建起从中央到乡村“五级书记抓扶贫，全党动员促攻坚”的局面。

这次会议提出的实行脱贫攻坚目标的总体要求是：实行扶贫对象、项目安排、资金使用、措施到户、因村派人、脱贫成效“六个精准”，实行发展生产、易地搬迁、生态补偿、发展教育、社会保障兜底“五个一批”；构建起从党中央总书记到村党支部书记、驻村第一书记“五级书记抓扶贫、全党动员促攻坚”的局面，并且实行脱贫攻坚一把手负责制，中西部22个省份党政主要负责同志向中央签署脱贫攻坚责任书、立下“军令状”；还要求在脱贫攻坚期内保持贫困县党政正职稳定。从提出脱贫攻坚“总攻令”“总要求”“总格局”“责任制”到“军令状”，既指明了脱贫攻坚战的正确方向，又为打赢这场攻坚战提出了坚强的政治保障、物质保障、政策保障。

第九部曲

2015年2月，以习近平同志为核心的党中央为决胜全面建成小康社会作出“四个全面”战略布局，这是党在新形势下治国理政的总方略，也是事关全面建成小康社会、全面建设社会主义现代化国家的总战略。

这个总方略、总战略，是习近平总书记在省部级主要领导干部学习贯彻十八届四中全会精神全面推进依法治国专题研讨班上首次提出的。党的十八大以来，党中央从坚持和发展中国特色社会主义全局出发，提出并形成了全面建成小康社会、全面深化改革、全面依法治国、全面从严治党的战略布局。全面建成小康社会是战略目标，全面深化改革、全面依法治国、全面从严治党是三大战略举措，对实现全面建成小康社会战略目标一个都不能缺。不全面深化改革，发展就缺少活力，社会就没有动力。不全面依法治国，国家生活和社会生活就不能有序运行，就难以实现社会和谐稳定。不全面从严治党，就做不到“打铁必须自身硬”，也就难以发挥好领导核心作用。

第十部曲

2015年，习近平总书记在主持起草党的十八届五中全会关于《中共中央关于制定国民经济和社会发展第十三个五年规划的建议》时指出，“十三五”时期与实现全面建成小康社会奋斗目标的时间高度契合，“十三五”规划是全面建成小康社会、实现第一个百年奋斗目标收官的规划。

在这次全会上，习近平总书记精准解析了全面建成小康社会的科学内涵，全面建成小康社会强调的不仅是“小康”，更为重要的是“全面”。“小康”是发展水平的要求，“全面”是发展平衡性、协调性、可持续性的要求。全面小康覆盖的领域全面，是经济、政治、文化、社会、生态文明全面进步的小康社会。要在坚持以经济建设为中心的同时促进现代化建设各个环节、各个方面协调发展。全面小康覆盖的人口全面，是惠及全体人民的小康。全面建成小康社会突出的短板在民生领域，发展不全面的问题很大程度上表现在不同社会群体民生保障方面。全面小康覆盖的区域全面，努力缩小城乡区域发展差距，是全面建成小康社会的一项重要任务。经济社会发展中的短板是影响如期全面建成小康社会目标的主要因素，必须尽快把这些短板补齐。“十三五”时期，决胜全面建成小康社会就是为建成高质量的全面小康社会而奋斗，就是要为实现第二个百年奋斗目标奠定更为牢固的基础。

第十一部曲

党的十八届五中全会提出创新、协调、绿色、开放、共享的新发展理念。这是改革开放30多年来我国发展经验的集中体现，是我们党对我国发展规律的新认识。

习近平总书记在这次全会上还逐一阐释了新发展理念的内涵和外延。创新发展注重的是解决发展动力问题，必须把创新作为引领发展的第一动力，把人才作为支撑发展的第一资源，把创新摆在国家发展全局的核心位置，让创新贯穿党和国家一切工作，让创新在全社会蔚然成风。

协调发展注重的是解决发展不平衡问题。我国发展不协调突出表现在区域、城乡、经济和社会、物质文明和精神文明、经济建设和国防建设等方面。要注重发展的整体效能，不断增强发展的整体性。

绿色发展注重的是解决人与自然和谐问题。我国资源约束趋紧、环境污染严重、生态系统退化的问题十分严峻，人民群众对清新空气、干净饮水、安全食品、优美环境的要求越来越强烈。必须坚持绿色发展，加快建设资源节约型、环境友好型社会，推进美丽中国建设，为全球生态安全作出新贡献。

开放发展注重的是解决发展内外联动问题。国际经济合作和竞争局面正在发生深刻变化，全球经济治理体系和规则正在面临重大调整，现在的问题不是要不要对外开放，而是如何提高对外开放的质量和发展的内外联动性。

共享发展注重的是解决社会公平正义问题。让广大人民群众共享改革发展成果，是社会主义的本质要求，是社会主义制度优越性的集中体现，是我们党坚持全心全意为人民服务根本宗旨的重要体现。在共享改革发展成果上，无论是实际情况还是制度设计，都还有不完善的地方。为此，必须作出更有效的制度安排，使全体人民朝着共同富裕方向稳步前进。

第十二部曲

2015 年 6 月，习近平总书记在部分省区市扶贫攻坚与“十三五”时期经济社会发展座谈会上指出，我国扶贫开发工作已进入啃硬骨头、攻坚拔寨的冲刺期。要打破常规思路，加快步伐进入快车道，如期实现农村贫困人口全部脱贫。

习近平总书记在这次座谈会上说：“到二〇二〇年，七千多万贫困人口要全部脱贫，时间十分紧迫。六年时间平均每年需要减少一千一百七十万人，任务相当繁重。”“如果按过去三十多年年均减贫六百多万人的速度计算，七千多万人脱贫需要约十一年，即到二〇二五年才能实现目标。”“形势逼人，形势不等人，各级党委和政府必须增强紧迫感和主动性，采取力度更大、针对性更强、作用更直接、效果更可持续的措施，大力推进，再加快步伐，确保贫困人口到二〇二〇年如期全部脱贫。”

第十三部曲

2017 年 10 月，习近平总书记在党的十九大报告中指出，决胜全面建成小康社会，突出抓重点、补短板、强弱项，特别是要坚决打好防范化解重大风险、精准脱贫、污染防治的攻坚战，使全面建成小康社会得到人民认可、经得起历史检验。

党的十九大报告提出的“三大攻坚战”，体现了守底线与守承诺的有机统一。守底线，就是要坚决守住不发生系统性、区域性金融风险的底线，打好防范化解金融风险攻坚战；守承诺，就是要打好脱贫攻坚战，打好让全国农村贫困人口和贫困地区一起进入全面小康社会庄严承诺的关键战役。守承诺和守底线，必然要求以人民对美好生活的向往为奋斗目标，打好污染防治攻坚战，总体改善我国生态环境，更好满足人民日益增长的优美生态环境需要。三大攻坚战还鲜明体现了补短板、堵漏洞与固底板、强弱项的有机统一。打好精准脱贫、污染防治攻坚战，是尽快补齐扶贫脱贫、污染防治中的短板；打好防范化解重大风险攻坚战，则是尽快加固木桶的底板。既补齐短板，又加固底板，三大攻坚战既势头强劲地齐头并进，又有条不紊地推进。

第十四部曲

习近平总书记在党的十九大报告中突出强调了坚持在发展中保障和改善民生问题的“七个有所”目标。这是针对我国城乡区域发展和收入分配差距依然较大，群众在就业、教育、医疗、居住、养老等方面面临不少难题提出来的。

习近平总书记在党的十九大报告中指出，在发展中补齐民生短板、促进社会公平正义，在幼有所育、学有所教、劳有所得、病有所医、老有所养、住有所居、弱有所扶上不断取得新进展。

这“七个有所”是从党的十六大到党的十九大一步一步提出并完善起来的。党的十七大、党的十八大提出和重申了“五个有所”，即在经济社会发展的基础上，更加注重社会建设，着力保障和改善民生，努力使全体人民学有所教、劳有所得、病有所医、老有所养、住有所居，推动建设和谐社会。党的十九大则增加“幼有所育”“弱有所扶”，将“五个有所”扩展为“七个有所”。这充分体现了以习近平同志为核心的党中央坚持把民生作为人民幸福之基、社会和谐之本，充分体现了党坚持在发展中促进社会公平正义，让人民群众在全面建成小康社会过程中有更多看得见、摸得着的获得感幸福感安全感。

第十五部曲

2018 年 2 月，以习近平同志为核心的党中央通过深化党和国家机构改革，加大在人民群众普遍关心的民生领域的机构调整和优化力度，组建了一批既立足当前、聚焦今后三年，又着眼未来、能持续健全更加公平、更加可持续的社会保障制度和公共服务体系的新机构。

深化党和国家机构改革，是决胜全面建成小康社会、开启全面建设社会主义现代化国家新征程的必然要求。习近平总书记在党的十九届三中全会上指出，这次深化党和国家机构改革着眼于加强重点领域民生工作，立足建立健全更加公平更可持续的社会保障制度和公共服务体系，在教育文化、卫生健康、医疗保障、退役军人服务、移民管理服务、生态环保、应急管理等人民群众普遍关心的领域、加大机构调整和优化力度，组建了一批新机构，强化政府公共服务、社会管理职能，以更好保障和改善民生，维护公共安全。

同时，习近平总书记要求，经过此次深化党和国家机构改革后的各相关部门，要牢记树立宗旨意识，增强使命感和责任感，以造福人民为最大政绩，想群众之所想、急群众之所急、办群众之所需，加快内部职责和业务整合，尽快形成工作合力，把为人民造福的事情办好办实。

第十六部曲

2018年12月18日，在庆祝改革开放40周年大会上的讲话中，习近平总书记总结回顾包括全面建成小康社会在内的改革开放40年伟大成就，40年来，我们始终坚持在发展中保障和改善民生，全面推进幼有所育、学有所教、劳有所得、病有所医、老有所养、住有所居、弱有所扶，不断改善人民生活、增进人民福祉。

习近平总书记指出："40年来……全国居民人均可支配收入由171元增加到2.6万元，中等收入群体持续扩大。我国贫困人口累计减少7.4亿人，贫困发生率下降94.4个百分点，谱写了人类反贫困史上的辉煌篇章。教育事业全面发展，九年义务教育巩固率达93.8%。我国建成了包括养老、医疗、低保、住房在内的世界最大的社会保障体系，基本养老保险覆盖超过9亿人，医疗保险覆盖超过13亿人。常住人口城镇化率达到58.52%，上升40.6个百分点。居民预期寿命由1981年的67.8岁提高到2017年的76.7岁。我国社会大局保持长期稳定，成为世界上最有安全感的国家之一。粮票、布票、肉票、鱼票、油票、豆腐票、副食本、工业券等百姓生活曾经离不开的票证已经进入了历史博物馆，忍饥挨饿、缺吃少穿、生活困顿这些几千年来困扰我国人民的问题总体上一去不复返了！"这既是对改革开放40年历史成就的热情讴歌，也是对全面建成惠及十几亿人口的全面小康社会伟大建设成果的热情讴歌。

第十七部曲

2019年10月，由习近平总书记主持制定的党的十九届四中全会通过的《中共中央关于坚持和完善中国特色社会主义制度、推进国家治理体系和治理能力现代化若干重大问题的决定》，锚定全面建成小康社会、踏上全面建设社会主义现代化国家新征程之后的国家制度和国家治理体系现代化问题。

党的十八大以来，我们党把制度建设摆在更加突出的位置，强调全面建成小康社会必须以更大的政治勇气和智慧，不失时机深化重要领域改革，坚决破除一切妨碍科学发展的思想观念和体制机制弊端，构建系统完备、科学规范、运行有效的制度体系，使各方面制度更加成熟、更加定型。党的十八届三中全会把完善和发展中国特色社会主义制度，推进国家治理体系和治理能力现代化确定为全面深化改革的总目标。党的十八届五中全会进一步强调，“十三五”时期要实现各方面制度更加成熟、更加定型，国家治理体系和治理能力现代化取得重大进展，各领域基础性制度体系基本形成。我们党有必要对坚持和完善中国特色社会主义制度，推进国家治理体系和治理能力现代化进行系统总结，提出与时俱进完善和发展的前进方向和工作要求。

党的十九届四中全会在重点阐述坚持和完善支撑中国特色社会主义制度的根本制度、基本制度、重要制度时，强调要健全党的全面领导制度，健全为人民执政、靠人民执政的各项制度，坚持和完善人民当家作主制度体系，坚持和完善统筹城乡的民生保障制度，坚持和完善共建共治共享的社会治理制度；同时还强调，要抓紧制定国家治理体系和治理能力现代化急需的制度、满足人民对美好生活向往必备的制度，推动中国特色社会主义不断完善和发展，永葆生机和活力，从而把党的十九大报告关于到建党 100 年时建成经济更加发展、民主更加健全、科教更加进步、文化更加繁荣、社会更加和谐、人民生活更加殷实的小康社会的要求真正落到实处。

第十八部曲

2020 年 9 月，党中央召开全国抗击新冠肺炎疫情表彰大会，习近平总书记对过去 8 个多月时间里，我们党团结带领全国各族人民进行的一场惊心动魄的抗疫大战的战斗历程和经验及时进行了总结，并深入阐述了伟大抗疫精神。

中国人民和中华民族在这场抗疫人民战争中铸就的生命至上、举国同心、舍生忘死、尊重科学、命运与共的伟大抗疫精神，集中体现了中国人民深厚的仁爱传统和中国共产党人以人民为中心的价值追求，集中体现了中国人民万众一心、同甘共苦的团结伟力，集中体现了中国人民敢于压倒一切困难而不被任何困难所压倒的顽强意志，集中体现了中国人民求真务实、开拓创新的实践品格，集中体现了中国人民和衷共济、爱好和平的道义担当，集中体现了人无精神则不立、国无精神则不强，唯有精神上站得住、站得稳，一个民族才能在历史洪流中屹立不倒、挺立潮头。习近平总书记号召全党全国各族人民“大力弘扬伟大抗疫精神，勠力同心、锐意进取，奋力实现决胜全面建成小康社会、决战脱贫攻坚目标任务，在全面建设社会主义现代化国家的新征程上创造新的历史伟业”。

第十九部曲

2020 年 10 月，党的十九届五中全会审议通过了《中共中央关于制定国民经济和社会发展第十四个五年规划和二〇三五年远景目标的建议》，习近平总书记在会议上发表了重要讲话。《建议》和习近平总书记讲话都充分肯定了决胜全面建成小康社会取得的决定性成就。

党的十九届五中全会通过的《中共中央关于制定国民经济和社会发展第十四个五年规划和二〇三五年远景目标的建议》指出，“十三五”时期是全面建成小康社会决胜阶段，面对错综复杂的国际形势、艰巨繁重的国内改革发展稳定任务特别是新冠肺炎疫情严重冲击，以习近平同志为核心的党中央不忘初心、牢记使命，团结带领全党全国各族人民砥砺前行、开拓创新、奋发有为推进党和国家各项事业。全面深化改革取得重大突破，全面依法治国取得重大进展，全面从严治党取得重大成果，国家治理体系和治理能力现代化加快推进，中国共产党领导和我国社会主义制度优势进一步彰显；经济实力、科技实力、综合国力跃上新的大台阶，经济运行总体平稳，经济结构持续优化，预计 2020 年国内生产总值突破 100 万亿元；脱贫攻坚成果举世瞩目，5575 万农村贫困人口实现脱贫；人民生活水平显著提高。“十三五”规划目标任务即将完成，全面建成小康社会胜利在望，中华民族伟大复兴向前迈出了新的一大步，社会主义中国以更加雄伟的身姿屹立于世界东方。《中共中央关于制定国民经济和社会发展第十四个五年规划和二〇三五年远景目标的建议》号召全党全国各族人民要再接再厉、一鼓作气，确保如期打赢脱贫攻坚战，确保如期全面建成小康社会、实现第一个百年奋斗目标，为开启全面建设社会主义现代化国家新征程奠定坚实基础。

习近平总书记在谈到关于全面建成小康社会的完成情况和宣布的时机问题时说："到建党100周年时，全面建成惠及十几亿人口的更高水平的小康社会，是我们党进入新世纪后，在基本建成小康社会基础上提出的奋斗目标，是对人民的庄严承诺。自改革开放之初党中央提出小康社会的战略构想以来，我们把人民对美好生活的向往作为奋斗目标，几代人一以贯之、接续奋斗。'十三五'时期是全面建成小康社会决胜阶段，我们突出抓重点、补短板、强弱项，坚决打好防范化解重大风险、精准脱贫、污染防治的攻坚战，取得一系列新的重大成就。突如其来的新冠肺炎疫情对我国经济社会发展带来了很大不利影响。在党中央坚强领导下，经过全国人民共同努力，新冠肺炎疫情防控取得重大战略成果，我国经济社会恢复走在全球前列，主要经济指标趋好，社会民生得到有效保障。预计今年我国国内生产总值超过100万亿元人民币，人民生活水平显著提高，现行标准下农村贫困人口全面脱贫，'十三五'规划确定的发展目标可以如期完成，全面建成小康社会目标可以如期实现"。

第二十部曲

2021年2月，党中央召开全国脱贫攻坚总结表彰大会，隆重表彰了为脱贫攻坚作出重要贡献的先进集体和先进个人，习近平总书记发表重要讲话，对作为我国全面建成小康社会底线任务的8年农村人口脱贫攻坚战的历程和经验作了系统总结。

习近平总书记指出："在迎来中国共产党成立一百周年的重要时刻，

我国脱贫攻坚战取得了全面胜利，现行标准下 9899 万农村贫困人口全部脱贫，832 个贫困县全部摘帽，12.8 万个贫困村全部出列，区域性整体贫困得到解决，完成了消除绝对贫困的艰巨任务，创造了又一个彪炳史册的人间奇迹！这是中国人民的伟大光荣，是中国共产党的伟大光荣，是中华民族的伟大光荣！”

中国共产党从成立之日起，就坚持把为中国人民谋幸福、为中华民族谋复兴作为初心使命，团结带领中国人民为创造自己的美好生活进行了长期艰辛奋斗。党的十八大以来，党中央鲜明提出全面建成小康社会最艰巨最繁重的任务在农村，特别是在贫困地区。没有农村的小康，特别是没有贫困地区的小康，就没有全面建成小康社会。8 年来，党中央把脱贫攻坚摆在治国理政突出位置，把脱贫攻坚作为全面建成小康社会底线任务，组织开展了声势浩大的脱贫攻坚人民战争。党和人民披荆斩棘、栉风沐雨，发扬钉钉子精神，敢于啃硬骨头，攻克了一个又一个贫中之贫、坚中之坚，脱贫攻坚取得了重大历史性成就。

脱贫攻坚取得举世瞩目的成就，靠的是党的坚强领导，靠的是中华民族自力更生、艰苦奋斗的精神品质，靠的是新中国成立以来特别是改革开放以来积累的坚实物质基础，靠的是一任接着一任干的坚守执着，靠的是全党全国各族人民的团结奋斗。我们走出了一条中国特色减贫道路，形成了中国特色反贫困理论。

脱贫攻坚伟大斗争锻造形成了上下同心、尽锐出战、精准务实、开拓创新、攻坚克难、不负人民的脱贫攻坚精神。脱贫攻坚精神是中国共产党性质宗旨、中国人民意志品质、中华民族精神的生动写照，是爱国主义、集体主义、社会主义思想的集中体现，是中国精神、中国价值、中国力量的充分彰显，赓续传承了伟大民族精神和时代精神。回首过去，我们在解决困扰中华民族几千年的绝对贫困问题上取得了伟大历史性成就，创造了人类减贫史上的奇迹；展望未来，我们正在为全面建设社会主义现代化国家的历史宏愿而奋斗。征途漫漫，惟有奋斗。全党全国各族人民要更加紧密地团结在以习近平同志为核心的党中央周围，坚定信心决心，以永不懈怠的精神状态、一往无前的奋斗姿态，真抓实干、埋头苦干，向着实现第二个百年奋斗目标奋勇前进。

历史照亮未来，征程未有穷期。以习近平总书记在庆祝中国共产党成立 100 周年大会上的重要讲话精神为指导，全面总结梳理在中华大地上全面建成小康社会决胜阶段顶层设计的二十部曲，对于汲取我们党实现第一个百年奋斗目标的成功经验，从而在实现第二个百年奋斗目标的新征程上更加坚定、更加自觉地牢记初心使命、开创美好未来，是完全必要的、非常及时的。

（摘编自《中国纪检监察报》2021 年 7 月 8 日）

施芝鸿

中共中央政策研究室原副主任

唐任伍：中国全面建成小康社会的伟大意义

在中国共产党成立100周年这个重大而庄严的日子里，习近平总书记宣告“全面建成小康社会”第一个百年奋斗目标圆满实现，具有重大的世界影响和国际意义。

全面建成小康社会是中国共产党历史、中华人民共和国发展史、中华民族复兴史上的一个重要里程碑；全面建成小康社会是中华民族的伟大光荣、中国人民的伟大光荣、中国共产党的伟大光荣。

作为一个有9500多万名党员、在全国执政70多年的世界第一大政党，100周年诞辰是一个值得庆祝的大喜日子。在这样一个庄严神圣的日子里，习近平总书记以铿锵有力的声音，连续用了4个“为了实现中华民族伟大复兴”，回顾总结了中国共产党百年来，如何将一个“国家蒙辱、人民蒙难、文明蒙尘，中华民族遭受了前所未有的劫难”半殖民地半封建社会，建设成为一个繁荣富强新中国的伟大成就；用9个“以史为鉴、开创未来”，向世界宣示了中国共产党下一个100年的方针和行动，展望了中华民族伟大复兴的光明前景。

在这样一个党的庆典、人民的节日里，习近平总书记代表党和人民，向世界庄严宣告：“经过全党全国各族人民持续奋斗，我们实现了第一个百年奋斗目标，在中华大地上全面建成了小康社会，历史性地解决了绝对贫困问题，正在意气风发向着全面建成社会主义现代化强国的第二个百年奋斗目标迈进。”

消除绝对贫困、全面建成小康社会，这是一个世界性难题。中国共产党带领中国人民，攻坚克难，在一个14亿多人口的大国中解决了这一难题，这是向中国共产党成立100周年的最大献礼和对中国共产党百年成就的完美诠释，是中华民族的伟大光荣、中国人民的伟大光荣、中国共产党的伟大光荣。

中国共产党将“小康”从理想变为现实

“小康”一直是中国人民千百年来孜孜以求的一个美好梦想。早在《诗经》里就有“小康”这个词，《礼记·礼运》篇中提出“小康之世”。但这些只是反映了中国人民对美好生活的向往和追求，只有将“全心全意为人民服务”作为根本宗旨的中国共产党成立后，小康社会才能从理想变为现实。

1979年邓小平同志在会见日本首相大平正芳时，借用中国古人的“小康”一词，将“中国式的四个现代化”称为“小康之家”“小康的状态”。1982年，党的十二大确定了到20世纪末，力争使全国工农业年总产值翻两番，使全国人民的物质文化生活达到小康水平的战略目标。1987年党的十三大提出了分“三步走”实现现代化的战略构想。“小康社会”是1980年以来中国社会影响最大的用语之一。“奔小康”成为举国上下的共识和行动。在全党全国各族人民共同努力下，邓小平同志提出的小康社会目标在20世纪末如期实现，人民生活总体上达到小康水平。2002年党的十六大提出本世纪头20年全面建设惠及十几亿人口的更高水平的小康社会的奋斗目标。

从党的十六大到十九大，“小康社会”都出现在大会报告的标题上。经过数十年锲而不舍的奋斗，尤其是党的十八大以来，以习近平同志为核心的党中央举全党全国之力，坚决打赢脱贫攻坚战，现行标准下9899万农村贫困人口全部脱贫，832个贫困县全部摘帽，12.8万个贫困村全部出列，区域性整体贫困得到解决，完成了消除绝对贫困的艰巨任务，创造了彪炳史册的人间奇迹。

全面建成小康社会的伟大意义

全面建成小康社会，是中国共产党历史、中华人民共和国发展史、中华民族复兴史上的一个重要里程碑。在中国共产党成立100周年这个重大而庄严的日子里，习近平总书记宣告“全面建成小康社会”第一个百年奋斗目标圆满实现，具有重大的世界影响和国际意义。

（1）“全面建成小康社会”标志着中国共产党向全国人民交出了一份彪炳史册的答卷，兑现了“把人民对美好生活的向往作为奋斗目标”的承诺。

中国共产党带领中国人民，筚路蓝缕，攻克一个又一个贫中之贫、坚中之坚，消除绝对贫困这个世界难题。全面建成小康社会的今日中国，经济实力大幅跃升，经济总量超过100万亿元人民币，稳居世界第二位；人民生活更加殷实，人均国内生产总值连续两年超过1万美元，居民人均可支配收入增长率多年超过7%，如期实现了党的十八大确定的2020年城乡居民人均收入比2010年翻一番的目标，与高收入国家差距进一步缩小；城镇新增就业连续多年保持在 1100 万人以上，劳动参与率和就业率在主要经济体中始终处于较高水平；城镇化率超过 60%，高于中等收入国家 52% 的平均水平；建成世界上规模最大的社会保障体系；实现了人与自然、人与社会的和谐共生，践行了“绿水青山就是金山银山”的绿色发展理念，提升了人民群众的获得感、幸福感和安全感；对世界经济增长年均贡献率接近 30%，成为带动世界经济增长的火车头，中华民族傲然屹立于世界民族之林，中国日益走近世界舞台中央。

（2）“全面建成小康社会”证明了中国共产党能、马克思主义行、中国特色社会主义好。

近代以来，中国在西方列强的侵略下，山河破碎，民生凋敝，人民苦难深重，处于“四万万人齐下泪，天涯何处是神州”的悲苦境地，无数志士仁人前赴后继，太平天国运动、戊戌变法、义和团运动、辛亥革命，这个主义、那个政党，最后都归于失败。只有以“为中国人民谋幸福、为中华民族谋复兴”为初心和使命的中国共产党成立后，中国才找到了一条挽狂澜于既倒、扶大厦于将倾的正确道路。

中国共产党以“江山就是人民，人民就是江山”的大境界，带领中国人民历经磨难，砥砺前行，建立了新中国，并创造性地将马克思主义基本原理与中国的国情紧密结合起来，大步走上了中国特色社会主义道路，实现了中华民族从站起来、富起来到强起来的伟大飞跃，开启了全面建设社会主义现代化国家新征程。

100 年来，以马克思主义作为指导思想的中国共产党，选择了社会主义道路来救中国、发展中国，救国有效、富国有力、强国有方，社会主义没有辜负中国，中国更没有辜负社会主义，彰显了中国共产党“能”、中国特色社会主义“好”、马克思主义“行”。

（3）“全面建成小康社会”为中国共产党实现第二个百年奋斗目标和中华民族伟大复兴中国梦，奠定了坚实的物质基础和精神根基。

全面建成小康社会，收获的不仅是物质文明的胜利，更是精神文明的成长、人民精神力量的增强。第二个百年奋斗目标和中华民族伟大复兴中国梦的任务更加艰巨，又面对百年未有之大变局的世界，道路将会更加坎坷。因此，必须充分发挥第一个百年“全面建成小康社会”过程中积累的强大物质基础的作用，使之成为引发第二个百年“全面建成现代化国家”的磅礴力量；同时更要充分发挥“全面建成小康社会”中激发和形成的不懈奋斗的精神意志、精神风采、精神信仰，以及彰显出来的社会主义制度巨大优势的文化力量和精神根基，化为一种蓬勃向上的软实力，为实现中华民族伟大复兴赋能铸魂。

（4）“全面建成小康社会”为实现有效全球治理、构建人类命运共同体，贡献了中国方案、中国经验和中国智慧。

一个有着 14 亿多人口的世界大国全面建成小康社会，这是中华民族历史上前无古人的伟大事业，是中国历史上任何一个所谓“盛世”都不曾做到的伟大壮举，同时是人类发展史上的伟大壮举。世界上 200 多个国家和地区，真正称得上是发达国家的也只有三四十个，总人口不到 10 亿，全世界 70 多亿人口中，还有十几亿人口处于绝对贫困之中，更谈不上实现小康。

中国这个世界第一人口大国全面建成小康社会，形成的中国道路、中国经验和中国智慧，为全球有效治理和构建人类命运共同体，提供了一种价值参照系，也为世界上那些还在苦苦寻找消除贫困之道的国家和人民提供了一种借鉴。全面建成小康社会，为中国在世界舞台上高扬社会主义旗帜，展示了中华民族在伟大复兴进程中应有的精神风貌和积极进取的意志品质，为促进人类文明进步贡献了中国人的力量，拓展了中华文化的世界影响力。

（摘编自人民智库 2021 年 7 月 5 日）

唐任伍

北京师范大学政府管理研究院院长、教授

龚维斌：坚定不移走中国式现代化新道路

一

习近平总书记在庆祝中国共产党成立100周年大会上，向全世界庄严宣告，经过全党全国各族人民持续奋斗，我们实现了第一个百年奋斗目标，在中华大地上全面建成了小康社会，历史性地解决了绝对贫困问题，正在意气风发向着全面建成社会主义现代化强国的第二个百年奋斗目标迈进。这是中国共产党人和全国人民共同奋斗的靓丽成绩单，表明百年来中国人民在追求现代化的道路上取得了骄人的业绩，意味着开启全面建成社会主义现代化强国新征程有了坚实的基础。

实现现代化是中华民族近代以来孜孜不倦的追求。习近平总书记指出，"中华民族是世界上伟大的民族，有着5000多年源远流长的文明历史，为人类文明进步作出了不可磨灭的贡献。但是，1840年鸦片战争以后，中国逐步成为半殖民地半封建社会，国家蒙辱、人民蒙难、文明蒙尘，中华民族遭受前所未有的劫难"。在帝国主义入侵的枪炮声中，中华民族的有识之士开始意识到中国与世界的差距，天朝大国的"中国中心"观开始动摇，逐步开启了向西方列强学习的历程。

鸦片战争结束之后至1949年新中国成立，中国现代化大致经历了两个阶段：一是鸦片战争至辛亥革命，二是辛亥革命至新中国成立。第一阶段的50多年由三个截然不同但又有联系的运动所组成，即自强运动（通常称为洋务运动）、维新运动与立宪运动。以维新运动为界，可以把第一阶段再划分前后两个阶段。以自强运动为代表的前一阶段主要致力于物质层面的现代化，主张向西方学习先进的科学技术，其典型主张是“师夷长技以制夷”。中日甲午海战失败宣告自强运动的破产，清王朝被迫进行深刻反思，曾试图进行制度层面的改革，但是，为时已晚，历史没有给他们机会。清王朝灭亡之后，中国陷入军阀混战、沦为半殖民化的境地。辛亥革命至新中国成立的近40年时间里，中国致力于按西方资本主义模式建立现代国家的独立、统一与经济发展。但是，国家的分裂、外敌的入侵，特别是社会制度的落后，中国现代化发展的努力并没有多少成果，不论在理论上还是在实践上都没有找到正确的现代化发展道路。

1949年10月1日，中华人民共和国成立，1956年，社会主义基本制度确立，标志着中国的现代化进入了一个新的发展时期。自此以后，中国共产党成为领导中国现代化建设的核心，社会主义制度成为中国现代化发展的制度保障。以毛泽东同志为代表的党的第一代中央领导集体，一直以推动国家实现现代化为己任，提出要“把我国建设成为一个具有现代农业、现代工业、现代国防和现代科学技术的社会主义强国，赶上和超过世界先进水平”。“四化”目标成为凝聚人心、激励人们奋发进取的强大力量。但是，由于经验不足，“四化”建设一度偏离了正确轨道。

1978年，党的十一届三中全会召开，决定把党的工作重点转移到社会主义现代化建设上来。以邓小平同志为代表的党的第二代中央领导集体对20世纪末中国现代化目标进行新的定位，用中国人民熟悉的概念“小康社会”作为“中国式现代化”的第一个阶段的目标。2000年10月，党的十五届五中全会提出了全面建设小康社会的新目标。

2002年11月，党的十六大进一步明确了21世纪前20年全面建设小康社会的任务，根据党的十五大提出的到2020年建党100年和2050年新中国成立100年的发展目标，我们要在本世纪头20年，集中力量，全面建设惠及十几亿人口的更高水平的小康社会，使经济更加发展、民主更加健全、科教更加进步、文化更加繁荣、社会更加和谐、人民生活更加殷实。党的十七大和十八大对全面建设小康社会目标又作了进一步丰富和完善，提出了新的要求、作出了新的部署，明确要求深化经济体制、政治体制、文化体制、社会体制和生态文明制度改革。

党的十九大提出“决胜全面建成小康社会，开启全面建设社会主义现代化国家新征程”。以习近平同志为核心的党中央，在综合分析国际国内形势和我国发展条件的基础上，提出从2020年到本世纪中叶中国现代化分两个阶段的发展战略。中国式现代化既有世界现代化的普遍特征，更有与众不同的独特之处。其一，我国的现代化是人口规模巨大的现代化。其二，我国的现代化是全体人民共同富裕的现代化。其三，我国的现代化是物质文明和精神文明相协调的现代化。其四，我国的现代化是人与自然和谐共生的现代化。其五，我国的现代化是走和平发展道路的现代化。

全面建成小康社会奋斗目标的实现，标志着中国特色社会主义现代化取得了成功，标志着中国特色社会主义取得了伟大的胜利。习近平总书记指出，我们坚持和发展中国特色社会主义，推动物质文明、政治文明、精神文明、社会文明、生态文明协调发展，创造了中国式现代化新道路，创造了人类文明新形态。中国式现代化道路的成功，为世界现代化贡献了中国智慧、中国方案。

在向全面建成社会主义现代化强国第二个百年奋斗目标迈进的新征

程，我们要坚定不移贯彻习近平总书记“七一”重要讲话精神，立足新发展阶段，完整、准确、全面贯彻新发展理念，构建新发展格局，推动高质量发展，推进科技自立自强，保证人民当家作主，坚持全面依法治国，坚持社会主义核心价值体系，坚持在发展中保障和改善民生，坚持人与自然和谐共生，协同推进人民富裕、国家强盛、中国美丽。

（摘编自《学习时报》2021 年 7 月 7 日）

龚维斌

中共中央党校（国家行政学院）教育长

侯波：实现第一个百年奋斗目标的历史贡献和伟大意义

2021 年 7 月 1 日，注定会在时间的坐标上镌刻下熠熠生辉的印记，这是一个在中国共产党不懈奋斗史、中华民族伟大复兴史和世界社会主义发展史上都永远值得铭记的荣光时刻。在这重要时刻，我有幸参加了庆祝中国共产党成立 100 周年大会，现场聆听了习近平总书记的重要讲话，更加深切地感受到：没有共产党就没有新中国。100 年来，中国共产党团结带领中国人民，以“为有牺牲多壮志，敢教日月换新天”的大无畏气概，书写了中华民族几千年历史上最恢宏的史诗，创造了一个个彪炳史册的人间奇迹，正以不可阻挡的步伐向第二个百年奋斗目标阔步前行。

习近平总书记在庆祝中国共产党成立 100 周年大会上庄严宣告：“经过全党全国各族人民持续奋斗，我们实现了第一个百年奋斗目标，在中华大地上全面建成了小康社会，历史性地解决了绝对贫困问题，正在意气风发向着全面建成社会主义现代化强国的第二个百年奋斗目标迈进。这是中华民族的伟大光荣！这是中国人民的伟大光荣！这是中国共产党的伟大光荣！”百年风华、千秋伟业，从开天辟地的伟大瞬间，到百年奋斗的优异答卷。此时此刻，怎能不让正以更加雄伟的身姿巍然屹立于世界东方的14亿多中华儿女热血沸腾，由衷地为中国共产党骄傲自豪，为中国共产党领导的新中国骄傲自豪，为从未有过的美好生活骄傲自豪！第一个百年奋斗目标的实现，也必将告慰无数革命前辈和先烈：今日之中国，正如您所愿。

这一庄严宣告，意味着千百年来困扰中华民族的绝对贫困问题历史性地画上了句号

《诗经·大雅》中“民亦劳止，汔可小康”，一方面反映了千百年来中华民族对勤耕细作、丰衣足食的朴素追求，另一方面蕴含了中国历代政治家、思想家所希望达到的社会治理境界。纵观中国历史，还没有哪一个朝代能够让人民摆脱绝对贫困，那些所谓的封建社会“盛世”，也从未真正让人民丰衣足食。“长太息以掩涕兮，哀民生之多艰”，映照出千百年来劳苦大众的艰辛生活。

100年前，中国共产党一经成立就义无反顾地扛起为中国人民谋幸福、为中华民族谋复兴的历史大任，从此深刻改变了近代以来中华民族发展的方向和进程，深刻改变了中国人民的前途和命运，深刻改变了世界发展的趋势和格局。改革开放之初，邓小平同志引用“小康”这一极具中华传统智慧的概念，创造性地描述我国四个现代化的建设蓝图和发展战略，从而使“小康”一词具有了鲜明的文化特色和时代特征。从“解决温饱”到“小康水平”，从“总体小康”到“全面小康”，从“全面建设”到“全面建成”，从“三位一体”到“五位一体”总体布局……小康社会奋斗目标和内涵的逐步发展、日趋完善，标志着我国社会主义现代化建设不断开创新境界。

改革开放40多年来，7.7亿人口实现脱贫；全球范围内每100人脱贫，就有70多人来自中国。党的十八大以来，习近平总书记亲自指挥、亲自部署、亲自督战，率领全党全国各族人民齐心协力，打响了一场史无前例、艰苦卓绝的脱贫攻坚战，如期完成了新时代脱贫攻坚任务。现行标准下9899万农村贫困人口全部脱贫，832个贫困县全部摘帽，12.8万个贫困村全部出列，提前10年实现《联合国2030年可持续发展议程》减贫目标，在实现全体人民共同富裕的道路上迈出了坚实的一大步。今日之中国，人均GDP超过1万美元，形成了世界上规模最大的中等收入群体，建成了世界上最大的社会保障体系和住房保障体系……百年史诗一般的奋斗，书写在物阜民丰、万家灯火，书写在每个中国人的幸福生活之中。在世界东方这片古老土地上，中国共产党带领中国人民创造了人类有史以来规模最大、惠及人口最多的减贫奇迹，深刻影响了人类减贫事业的历史进程。

这一庄严宣告，蕴含着中国共产党向14亿多中国人民作出的郑重承诺如期实现

江山就是人民、人民就是江山，打江山、守江山，守的是人民的心，为的是让人民过上好日子。自诞生之日起就把“全心全意为人民服务”写在旗帜上的中国共产党，历经风雨、初心如磐，根据不同历史时期的具体国情提出了消除贫困、实现共同富裕的一系列具体措施。从“让穷苦人过上好日子”的铮铮誓言，到“贫穷不是社会主义”的精辟论断，到“全面小康路上一个都不能少”的庄严宣示……在战胜贫困的道路上，党带领人民栉风沐雨、接续奋斗。

让贫困人口和贫困地区同全国一道进入全面小康社会是我们党的庄严承诺。2015 年 11 月，北京京西宾馆，被外界称为“史上最高规格”的中央扶贫开发工作会议在这里举行。会上，22 个中西部省（区、市）主要负责人，在脱贫攻坚责任书上郑重签下自己的名字，向党中央立下“军令状”。2017 年 10 月，习近平总书记在党的十九大报告中指出，确保到 2020 年我国现行标准下农村贫困人口实现脱贫，贫困县全部摘帽，解决区域性整体贫困，做到脱真贫、真脱贫。在 2018 年新年贺词中，他再次强调：“到 2020 年我国现行标准下农村贫困人口实现脱贫，是我们的庄严承诺。一诺千金。”“庄严承诺”这四个字被习近平总书记多次提及，彰显了一位大党大国领袖的强烈历史担当。

千年梦想今朝圆，一份笃定让我们创造历史。党的十八大以来，以习近平同志为核心的党中央团结带领全党全国各族人民，把脱贫攻坚摆在治国理政突出位置，出台了一系列超常规政策举措，构建了一整套行之有效的工作体系，探索出了一条中国特色减贫道路。8 年间，累计选派 25.5 万个驻村工作队、300 多万名第一书记和驻村干部，投入帮扶资金近 1.6 万亿元，新改建农村公路 110 万公里、新增铁路里程 3.5 万公里、大电网覆盖范围内贫困村通动力电比例达到 100%，贫困人口收入水平显著提高，全部实现“两不愁三保障”。“却顾所来径，苍苍横翠微。”在这一前无古人、世所罕见的伟大斗争中，1800 多名基层扶贫干部将生命定格在了脱贫攻坚征程上，他们以自己的青春、热血乃至生命兑现承诺，生动诠释了共产党人的初心使命，写就了反贫困斗争的伟大史诗，锻造形成了“上下同心、尽锐出战、精准务实、开拓创新、攻坚克难、不负人民”的脱贫攻坚精神，在共和国的历史上筑起了一座新的精神丰碑。

这一庄严宣告，昭示着开启了全面建成社会主义现代化强国和扎实推进共同富裕的新征程

实现第一个百年奋斗目标，是一代又一代共产党人不屈不挠、接续奋斗的果实，更是启航新征程、扬帆再出发的动员。习近平总书记在庆祝中国共产党成立100周年大会上指出："新的征程上，我们必须紧紧依靠人民创造历史，坚持全心全意为人民服务的根本宗旨，站稳人民立场，贯彻党的群众路线，尊重人民首创精神，践行以人民为中心的发展思想，发展全过程人民民主，维护社会公平正义，着力解决发展不平衡不充分问题和人民群众急难愁盼问题，推动人的全面发展、全体人民共同富裕取得更为明显的实质性进展！"这是胸怀千秋伟业的百年大党在新的起点上向人民、向历史作出的新的庄严承诺。

百年华章铸辉煌，崭新伟业已开启。中国共产党团结带领中国人民已经踏上了实现第二个百年奋斗目标新的赶考之路。全面建成小康社会，是我们奋斗目标的第一步，也是关键一步。第一个百年奋斗目标的实现，意味着我国经济实力、科技实力、综合国力和人民生活水平跃上了新的大台阶，我们比历史上任何时期都更接近、更有信心和能力实现中华民族的伟大复兴。党的十九大立足世界百年未有之大变局、着眼中华民族伟大复兴的使命、基于我国社会主要矛盾发生的变化，提出在全面建成小康社会的基础上，分两步走全面建成社会主义现代化强国，即从2020年到2035年，基本实现社会主义现代化；从2035年到本世纪中叶，在基本实现现代化的基础上，把我国建设成为富强民主文明和谐美丽的社会主义现代化强国。我们可以看出，新时代"两步走"战略安排把原来设定的基本实现现代化的时间提前了15年，同时提出全面建

成社会主义现代化强国这一更高目标。这一理论不仅丰富了“两个一百年”奋斗目标的内涵，同时对建成社会主义现代化强国和扎实推进共同富裕作出了新的质的规定。

到 2035 年，我国将跻身创新型国家前列，法治国家、法治政府、法治社会基本建成，中国特色社会主义各方面制度更加完善，基本实现国家治理体系和治理能力现代化；到 2050 年，我国物质文明、政治文明、精神文明、社会文明、生态文明将显著提升，全面实现国家治理体系和治理能力现代化，中国特色社会主义制度更加巩固、优越性充分展现，中华民族将以更加昂扬的姿态屹立于世界民族之林。这就意味着全面建成小康社会形成的物质基础、治理体系和宝贵经验，必将为建设社会主义现代化强国和扎实推进共同富裕积累新的量变提供根本前提和发展保障。

这一庄严宣告，彰显着中国特色社会主义发展的实践必将为加快构建人类命运共同体注入强大动力

习近平总书记在庆祝中国共产党成立 100 周年大会上强调：“中国特色社会主义是党和人民历经千辛万苦、付出巨大代价取得的根本成就，是实现中华民族伟大复兴的正确道路。我们坚持和发展中国特色社会主义，推动物质文明、政治文明、精神文明、社会文明、生态文明协调发展，创造了中国式现代化新道路，创造了人类文明新形态。”100 年来，中国共产党团结带领全国各族人民浴血奋斗、顽强拼搏，不仅通过自力更生、改革开放发展了自己，还通过真实亲诚、共建共享，成为维护世界和平、推动全球经济增长、促进共同发展的重要力量。在继续前进的

道路上，一个改革不停顿的中国必定会继续创造“当惊世界殊”的奇迹，一个开放不止步的中国必定会为世界增添发展新动能。

实现全面小康的中国，将为世界经济带来新的发展机遇。广交会、服贸会、进博会、消博会等经贸盛会轮番登台，中非合作论坛、中阿合作论坛机制结出累累硕果，中国—中东欧国家合作机制不断深化，“一带一路”建设从“大写意”转向“工笔画”……尤其是面对世纪疫情和百年变局，中国共产党领航的新时代中国勇开顶风船，以大国担当彰显了中国推动构建人类命运共同体的真诚愿望。“中国进入新发展阶段、贯彻新发展理念、构建新发展格局，为‘一带一路’合作伙伴提供了更多市场机遇、投资机遇、增长机遇。”2021 年 6 月 23 日，习近平总书记向“一带一路”亚太区域国际合作高级别会议发表的书面致辞，更加表明了中国特色社会主义的实践发展——从来不是营造自己的后花园，而是要建设各国共享的百花园。

实现全面小康的中国，将为其他国家提供极具价值的发展经验。世界上没有哪一个国家能在这么短的时间内帮助这么多人脱贫，这对中国和世界都具有重大意义。2018 年，第 73 届联大通过关于消除农村贫困的决议，将中国倡导的精准扶贫理念与实践写入其中。联合国秘书长古特雷斯表示，“中国经验可为其他发展中国家提供有益借鉴。”“中国共产党的治国理政经验被实践证明是成功的。”尼日利亚前总统奥巴桑乔如是评价。事实雄辩地证明，中国全面建成小康社会的实践，拓展了发展中国家走向现代化的途径，给世界上那些既想加快发展又希望保持自身独立性的国家和民族提供了全新选择，为解决人类问题贡献了中国智慧和中国方案。

百年征程波澜壮阔，百年初心历久弥坚。从上海石库门到嘉兴南湖，一艘小小红船承载着人民的重托、民族的希望，越过急流险滩，穿过惊涛骇浪，成为领航中国行稳致远的巍巍巨轮。全体中国共产党员要牢记习近平总书记的伟大号召，不忘初心使命，坚定理想信念，践行党的宗旨，永远保持同人民群众的血肉联系，始终同人民想在一起、干在一起，风雨同舟、同甘共苦，继续为建成社会主义现代化强国和实现中华民族伟大复兴的中国梦不懈奋斗，努力为党和人民争取更大光荣！

（摘编自《重庆日报》2021 年 7 月 6 日）

侯 波

中国社会科学院习近平新时代中国特色社会主义思想研究中心研究员

侯衍社：全面建成小康社会为全面建设社会主义现代化国家固本强基

——

在庆祝中国共产党成立100周年大会上，习近平总书记庄严宣告，经过全党全国各族人民持续奋斗，我们实现了第一个百年奋斗目标，在中华大地上全面建成了小康社会。中华民族数千年的梦想，经过党和人民百年奋斗终于变成现实。古人想象中的小康与我们今天建成的全面小康不可同日而语。全面小康，是发展领域全面、覆盖人口全面、涵盖区域全面的小康，涉及经济社会发展和党的建设方方面面：经济持续健康发展，人民民主不断扩大，文化软实力显著增强，人民生活水平全面提高，生态文明建设取得重大进展，对外开放开拓新局面，党的面貌、国家的面貌、人民的面貌、中华民族的面貌发生前所未有的喜人变化……既有成就令人鼓舞，未来目标催人奋进。全面建成小康社会，创造了中华民族发展史和人类社会进步史上的伟大奇迹，为全面建设社会主义现代化国家奠定了全面而坚实的基础。

为实现“物的现代化”奠基

全面建成小康社会与建设社会主义现代化国家，统一于坚持和发展中国特色社会主义事业这一主题之中。全面建成小康社会的过程，首先是我国物质文明不断发展、“物的现代化”不断提升，并为全面建设社会主义现代化国家奠定物质基础的过程。

习近平总书记指出：“只有牢牢扭住经济建设这个中心，毫不动摇坚持发展是硬道理、发展应该是科学发展和高质量发展的战略思想，推动经济社会持续健康发展，才能全面增强我国经济实力、科技实力、国防实力、综合国力，才能为坚持和发展中国特色社会主义、实现中华民族伟大复兴奠定雄厚物质基础。”生产力发展是社会发展进步的最终决定性力量。新中国成立以来尤其是改革开放以来，我国把解放和发展生产力、促进经济发展作为基础工作和首要任务来抓，全面建成小康社会取得伟大历史性成就，实现了中国历史上亘古未有的伟大跨越。

在全面建成小康社会进程中，我国社会主义市场经济体制不断完善，推动经济发展的动力持续增强，生产活力、劳动活力竞相迸发；经济结构不断优化，区域发展协调性明显增强；创新驱动发展战略有效实施，创新型国家建设成果显著，重大科技成果相继涌现，对经济发展推动作用明显增强；开放型经济新体制不断健全，对外贸易、对外投资、外汇储备稳居世界前列……当前，我国经济实力、科技实力、综合国力和国际竞争力全面提升，工业化、信息化、城镇化、农业现代化迈出重大步伐，是世界第二大经济体、制造业第一大国、货物贸易第一大国，外汇储备连续多年位居世界第一。这一切在“物的现代化”方面取得的重大成就，为全面建设社会主义现代化国家、应对各种风险挑战提供了坚实物质基础。

为实现“人的现代化”奠基

习近平总书记指出，“现代化的本质是人的现代化”。全面建成小康社会，不仅意味着经济高质量发展，也意味着人民生活水平和质量普遍提高、国民素质和社会文明程度显著提高，这是一个促进人的全面发展、促进“人的现代化”不断提升的过程。

历史活动是群众的事业，人民是社会主义国家的主人。中国共产党人坚守为中国人民谋幸福、为中华民族谋复兴的初心和使命，并通过基本理论、基本路线、基本方略和具体政策进行有效实施。经过 70 多年持续努力，在全面解决温饱问题的基础上，推动中国人民普遍过上殷实宽裕的生活。同时，适应我国社会主要矛盾变化，党和政府着力解决发展不平衡不充分问题，大力提升发展质量和效益，更好满足人民在民主法治、公平正义、安全健康、环境生态等方面日益增长的需要，有力促进广大群众生存发展层次提升和社会全面进步。

在全面建成小康社会进程中，广大人民群众积极参与国家各项建设事业，主体意识、现代观念、职业素养、专业能力和现代文明程度不断提升，主动性、创造性、独立性和自主性不断彰显。共同富裕目标的有序推进，改革发展成果的全民共享、全面共享、共建共享和渐进共享充分说明，社会主义现代化归根到底是为了满足人民美好生活需要的现代化，是为了人民、依靠人民、服务人民的人民本位的现代化。这与资本主义社会仅仅服务于少数资本家的资本至上的现代化形成鲜明对比，显示出截然不同的本质。而今，社会主义核心价值观日益深入人心，建设富强、民主、文明、和谐的国家，构建自由、平等、公正、法治的社会，塑造爱国、敬业、诚信、友善的公民，已经成为广大人民群众的内在信念和自觉行动，自尊自信、自立自强、开拓创新、开放包容逐步内化为广大群众的品质品格，中华民族的精神面貌发生了历史性变化，对新发展阶段认识日益成熟，贯彻新发展理念自觉性日益增强，构建新发展格局主动性日益提高。全面建成小康社会带来的这一系列成就，为全面建设社会主义现代化国家奠定了坚实的“人的现代化”基础。

为实现治理现代化奠基

推进国家治理体系和治理能力现代化，是中国特色社会主义政治文明建设的重要内容，是全面建成小康社会进程中不懈追求的重要目标，也是全面建设社会主义现代化国家的题中应有之义。全面小康，是“五位一体”全面进步的小康，其中政治文明建设尤其是制度建设至关重要。制度问题更带有根本性、全局性、稳定性和长期性。完善中国特色社会主义制度、提高国家治理体系和治理能力现代化水平，能够为政治稳定、经济发展、文化繁荣、民族团结、人民幸福、社会安宁、国家统一提供有力保障。在此意义上，全面建成小康社会的过程，也是不断发展和完善中国特色社会主义制度、推进国家治理体系和治理能力现代化的过程。

社会主义制度的建立为当代中国一切发展进步奠定了根本政治前提和制度基础。伴随全面建成小康社会的不断深入，我国社会生产力不断发展，生产关系不断改革完善，上层建筑领域的变革和发展也取得重大成就，党领导人民逐渐形成并发展了一整套中国特色社会主义制度和国家治理体系。这套制度和治理体系具有坚持党的集中统一领导、坚持人民当家作主、坚持全面依法治国、坚持全国一盘棋等显著优势，体现在我国经济、政治、文化、社会、生态和党的建设各领域各方面，为全面建设社会主义现代化国家提供了根本保障。

习近平总书记指出："要更加注重治理能力建设，增强按制度办事、依法办事意识，善于运用制度和法律治理国家，把各方面制度优势转化为管理国家的效能，提高党科学执政、民主执政、依法执政水平。"推进国家治理体系和治理能力现代化关键在于提升政党治理现代化水平。中国共产党是全面建成小康社会的根本领导力量。在团结带领全国人民决战全面小康进程中，中国共产党在推进自身治理方面实现了质的飞跃。一是政党治理系统化，要义在于从揭示执政党本质规律的高度阐明中国共产党在中国特色社会主义事业中的领导核心地位和不可替代的关键作用，对政党治理进行系统而富有针对性的科学部署。二是政党治理制度化，要义在于把思想建党和制度治党有机结合，坚持制度治党、依规治党。目前以党章为根本，以一系列党规党纪为主要内容的制度体系已经基本形成，为更好管党治党提供了强有力保障。三是政党治理常态化，要义在于把集中政党治理与日常政党治理有机结合，把政党治理贯穿日常工作，体现精准化、规范化和日常化。四是政党治理科学化，要义在于把党的建设新的伟大工程和党所领导的伟大事业协同推进，科学把握执政党建设规律的共性特征与个性差异，不断提升政党治理科学化水平。全面建成小康社会进程中政党治理现代化水平的不断提升，推动我国制度优势日益转化为治理效能，为实现国家治理体系和治理能力现代化提供了坚实基础。

为更好彰显中国式现代化的示范效应奠基

发展是人类社会永恒的主题。全面建成小康社会的过程，是我国社会主义建设成就不断彰显的过程，也是国际社会日益认同中国式现代化道路及其成效的过程。

全面建成小康社会是以我国脱贫攻坚战取得全面胜利为前提的。改革开放以来，我国7.7亿农村贫困人口摆脱贫困，减贫人口占同期全球减贫人口70%以上，提前10年实现《联合国2030年可持续发展议程》减贫目标，为世界减贫事业作出了彪炳史册的贡献，赢得了国际社会普遍赞誉。全面建成小康社会，极大提升了人类社会整体发展水平，使世界人均国内生产总值超过1万美元的人口数量翻了近一番，彰显了中国式现代化新道路的巨大魅力。多年来，我国对世界经济增长的贡献率超过30%，成为推动世界经济发展不可替代的重要力量。在全面建成小康社会过程中，我们推动物质文明、政治文明、精神文明、社会文明、生态文明协调发展，中国道路、中国奇迹、中国经验有力驳倒了“中国崩溃论”“中国威胁论”等无知妄言。中国现代化建设的经验与成效，拓展了发展中国家走向现代化的途径，给世界上那些既希望加快发展又希望保持自身独立性的国家和民族提供了全新选择。

习近平总书记指出：“我们所做的一切都是为人民谋幸福，为民族谋复兴，为世界谋大同。”在决胜全面建成小康社会、持续推进中国现代化的进程中，习近平总书记站在人类社会发展高度，提出构建人类命运共同体理念，主张坚持协商对话、共建共享、合作共赢、交流互鉴、绿色低碳，建设一个持久和平、普遍安全、共同繁荣、开放包容、清洁美丽的世界，反映了世界各国的共同价值追求，彰显了中国式现代化蕴含的和平发展合作共赢理念，对中国和平发展、世界繁荣进步都具有重大意义。“一带一路”倡议作为推动共建人类命运共同体的实践平台，与全面建成小康社会相得益彰，是习近平总书记从全球视野出发对中国和平发展与世界共同发展联动关系的深刻反映，在实践中已经取得明显成效。这些重要理念和举措，彰显了社会主义中国的担当和气度，彰显了世界百年未有之大变局背景下全球治理的中国智慧与中国方案的优势和特点，彰显了中国社会主义现代化的优势和特点，日益赢得国际社会的认同和支持，为新时代发展更高层次更高水平对外开放、全面建设社会主义现代化国家赢得了广泛舆论支持和良好国际环境。

21世纪注定是极不平凡的世纪。这个世纪20年代初期，14亿多中国人民在中国共产党领导下取得全面建成小康社会的伟大胜利，在此基础上接续奋斗，将在本世纪中叶全面建成社会主义现代化强国、实现中华民族伟大复兴的中国梦。全面建成小康社会，意味着中国共产党和中国人民对社会主义现代化建设规律的认识达到了新高度，意味着中国已经走出了一条不同于西方现代化模式的中国式现代化新道路，为我国全面建成社会主义现代化强国奠定了全面而坚实的基础。

（摘编自《光明日报》2021年7月8日）

侯衍社

中国人民大学马克思主义学院教授、中国人民大学21世纪中国马克思主义研究协同创新中心研究员

第 三 章

CHAPTER 3

牢牢把握中华民族伟大复兴这一主题

中国共产党一经诞生，就把为中国人民谋幸福、为中华民族谋复兴确立为自己的初心使命。一百年来，中国共产党团结带领中国人民进行的一切奋斗、一切牺牲、一切创造，归结起来就是一个主题：实现中华民族伟大复兴。

一百年来，中国共产党团结带领中国人民，以“为有牺牲多壮志，敢教日月换新天”的大无畏气概，书写了中华民族几千年历史上最恢宏的史诗。这一百年来开辟的伟大道路、创造的伟大事业、取得的伟大成就，必将载入中华民族发展史册、人类文明发展史册！

何毅亭：百年大党何以实现民族复兴

—

习近平总书记在庆祝中国共产党成立100周年大会上的重要讲话中指出：“一百年来，中国共产党团结带领中国人民进行的一切奋斗、一切牺牲、一切创造，归结起来就是一个主题：实现中华民族伟大复兴。”“七一”重要讲话从理论和实践的结合上科学阐明了中国共产党百年奋斗同中华民族伟大复兴的必然联系，深刻揭示了百年大党何以能够带领人民实现民族复兴的根本道理。

世界发展史就是一部文明兴衰史。著名历史学家汤因比认为，在人类历史上，曾经出现过26个文明形态，但大部分已经衰落或消亡。真可谓文明兴衰何其多！文明复兴何其少！曾与古代中国齐名的几大文明古国，都经历了由兴而衰的大起大落，都有重拾荣光的复兴抱负，但实现民族复兴难乎其难，以致英国作家卡彭特断言：“世界史中，尚未见有回春复活之民族，重为世界之强国。”然而，卡彭特这个断言被屡创政党传奇的中国共产党所打破。100年来，中华民族在中国共产党领导下成功开创了浴火重生、凤凰涅槃的文明发展新路，为人类社会增添了举世瞩目的亮丽胜景。

中国共产党以科学理论开辟中国道路，彻底扫清“近代中国向何处去”之迷茫，前所未有地破解了民族复兴的“世纪难题”

道路决定命运。民族复兴首先面临的是道路问题。探索一条符合中国国情、能够实现民族复兴的道路是近代中国急需破解的大难题。

近代中国是在腐朽的封建专制统治中积贫积弱的，是在西方主导的资产阶级革命和工业革命中落伍时代的，是在帝国主义列强轮番侵略和瓜分之中沦为半殖民地半封建社会的。据统计，1840 年鸦片战争以后，清政府与外国政府或国际组织共签订了 1175 项不平等条约，对外赔款累计高达 13 亿两白银，使中国濒于亡国灭种境地。中国社会的主要矛盾，是中华民族和帝国主义、人民大众和封建主义的双重矛盾。这就决定了实现民族复兴必须探索一条符合中国国情的正确道路，这也决定了民族复兴这项历史使命的担当者必须具有天下为公、大公无私的品质和开天辟地、改天换地的能力。唯其如此，方可带领人民走上兴国强国之路，完成民族复兴伟业。

在中国近代政治舞台上，仁人志士和各种政治力量提出了各式各样的救国方略和制度方案。无论是太平天国运动、戊戌变法、义和团运动、辛亥革命的“接连而起”，还是自由主义、无政府主义、实用主义等各种各样的主义、思想的“粉墨登场”，还是议会制、多党制、总统制等各种制度的“轮番亮相”，都无济于事，都以失败告终，都未能改变旧中国的悲惨命运。正如习近平总书记“七一”重要讲话所精辟指出的：“中国迫切需要新的思想引领救亡运动，迫切需要新的组织凝聚革命力量。”

十月革命一声炮响，为中国送来了马克思列宁主义，给苦苦探寻救亡图存出路的中国人民指明了前进方向，提供了全新选择。中国共产党应运而生，这是开天辟地的大事变，深刻改变了近代以来中华民族发展的方向和进程，深刻改变了中国人民和中华民族的前途和命运，深刻改变了世界发展的趋势和格局。把马克思主义同中国具体实际和中华优秀传统文化结合起来，走自己的路，这就是中国共产党百年奋斗的根本结论和根本经验。

走自己的路，在夺取全国政权前就是走新民主主义革命道路。党团结带领中国人民进行了28年浴血奋战，打败日本帝国主义，推翻国民党反动统治，成立中华人民共和国，彻底结束了中国半殖民地半封建社会的历史，彻底结束了旧中国一盘散沙的局面，彻底废除了列强强加给中国的不平等条约和帝国主义在中国的一切特权，实现了中国从几千年封建专制政治向人民民主的伟大飞跃，为实现中华民族伟大复兴创造了根本社会条件。

走自己的路，在夺取全国政权后就是走社会主义道路。党团结带领中国人民消灭在中国延续几千年的封建剥削压迫制度，确立社会主义基本制度，实现了中华民族有史以来最广泛最深刻的社会变革，实现了一穷二白、人口众多的东方大国大步迈进社会主义社会的伟大飞跃，为实现中华民族伟大复兴奠定了根本政治前提和制度基础。

走自己的路，在十一届三中全会后就是走中国特色社会主义道路。党团结带领中国人民进行改革开放新的伟大革命，确立党在社会主义初级阶段的基本路线，创造了改革开放和社会主义现代化建设的伟大成就，实现了从生产力相对落后的状况到经济总量跃居世界第二的历史性突破，实现了人民生活从温饱不足到总体小康、奔向全面小康的历史性跨越，为实现中华民族伟大复兴提供了充满新的活力的体制保证和快速发展的物质条件。

走自己的路，在新时代就是守正创新坚持和发展中国特色社会主义道路。进入新时代以来，党团结带领中国人民坚持和加强党的全面领导，统筹推进“五位一体”总体布局、协调推进“四个全面”战略布局，坚持和完善中国特色社会主义制度、推进国家治理体系和治理能力现代化，坚持依规治党、形成比较完善的党内法规体系，实现第一个百年奋斗目标，明确实现第二个百年奋斗目标的战略安排，为实现中华民族伟大复兴提供了更为完善的制度保证、更为坚实的物质基础、更为主动的精神力量。

得益于这样的道路和制度，中国的面貌、中国人民的面貌、中华民族的面貌发生了翻天覆地的变化。中国从落后时代到赶上时代再到引领时代，走完发达国家几百年走过的工业化、现代化进程，走近世界舞台中央，中国声音、中国经验、中国方案备受关注，国际地位和国际影响力大幅提升。时间之短、逆转之速、成就之大，亘古未有，世界惊艳！

中国共产党以坚定信仰熔铸中国精神，彻底改变中国人“精神上被动”之困境，前所未有地铸造了民族复兴的精神大厦

一个民族精神上主动、精神上强大，才能更持久、更深沉、更有力量地支撑本民族发展强大。民族复兴同样如此，不仅需要强大的物质力量，而且需要强大的精神力量、文化力量、文明力量；不仅是经济的复兴、物质的复兴，也是精神的复兴、文化的复兴、文明的复兴。正如习近平总书记所指出的：“当高楼大厦在我国大地上遍地林立时，中华民族精神的大厦也应该巍然耸立。”

中华民族曾以农业文明领先世界数千年，为人类作出卓越贡献。近代中国遭遇“三千年未有之大变局”，在西方工业文明的兴起中彻底落伍，在西方列强的坚船利炮中节节败退，曾经的“泱泱大国”已经不敌“蕞尔小邦”。在封建势力和帝国主义的联合压迫下，中国是带着首都被八国联军攻占的耻辱进入20世纪的，不仅经济上积贫积弱，政治上腐朽不堪，更重要的是精神上陷入被动。

那是中国风雨如晦的年代。封建专制思想紧紧压抑和束缚着人们的精神，导致民智愚钝、民魂丢失、民声寂寥；帝国主义进行大肆的文化侵略和精神奴役，以腐蚀民族意识、摧残民族气节。如此双重压迫导致的思想上封闭、精神上被动的状态，是国家进步和民族复兴的首要障碍。鲁迅曾经用“无声的中国”“沉默的灵魂”“十全停滞的生活”来概括近代中国社会的精神状态，并把自己的战斗任务概括为“改革国民性”。

中国人从精神上由被动转为主动，是马克思主义传入中国后的事情，是一个由少数先进分子到知识分子再到普通群众的过程。以李大钊、陈独秀为代表的中国先进分子发起的新文化运动，有力地打击和动摇了长期以来封建专制思想的统治地位，掀起一股生气勃勃的思想解放潮流，使中国知识界尤其是广大青年学生受到民主和科学思想的洗礼，为马克思主义在中国的传播创造了有利条件，拉开了中国人从精神上由被动转为主动的序幕。爆发于民族危难之际的五四运动，是一场彻底反帝反封建的伟大爱国运动，推动中国人民和中华民族开始了自鸦片战争以来第一次全面觉醒。马克思主义逐渐成为一股有重要影响力的思想潮流，工人阶级开始作为独立的政治力量登上历史舞台。这为中国共产党成立作了思想上干部上的准备，也是中国人从精神上由被动转为主动的转折点。

中国共产党一经成立，就义无反顾肩负起实现中华民族伟大复兴的历史使命，选择马克思主义作为改造中国社会的理论武器，带领中国人民进入精神主动的新境界，开启重塑民魂、重振民智、重拾民心的创新创造之旅，构建中国人民的“精神大厦”，从此中华民族发展的方向和进程、前途和命运发生了根本改变，从此中华民族伟大复兴航船就有了坚强领航者。

马克思主义对于中国人从精神上由被动转为主动的作用，形象地说就是“发动机”和“助推器”。因为中国共产党是在马克思主义与中国工人运动相结合中产生的，没有马克思主义就没有中国共产党；因为马克思主义在近代中国最危急的时刻激活了中华文明，赓续了中华民族千年文脉，使中华文明保持着世界上唯一没有中断的伟大文明的地位；因为马克思主义是为工人阶级和劳动人民谋利益、为被压迫民族谋解放的学说，能够唤醒民众为实现自己的解放而斗争。

中国共产党成立100年的历史充分证明，马克思主义是我们党立党立国的根本指导思想，是党的灵魂和旗帜。“七一”重要讲话说得很精辟：“中国共产党为什么能，中国特色社会主义为什么好，归根到底是因为马克思主义行！”中国共产党坚持把马克思主义基本原理同中国具体实际相结合、同中华优秀传统文化相结合，不断推进马克思主义中国化时代化，创立了毛泽东思想、邓小平理论，形成了“三个代表”重要思想、科学发展观，创立了习近平新时代中国特色社会主义思想。这是中华民族精神上复兴、思想上主动的标志性成果，也是中华民族实现伟大复兴的思想武器和精神动力。

“七一”重要讲话指出：“一百年前，中国共产党的先驱们创建了中国共产党，形成了坚持真理、坚守理想，践行初心、担当使命，不怕牺性、英勇斗争，对党忠诚、不负人民的伟大建党精神，这是中国共产党的精神之源。”100 年来，中国共产党能够带领中国人民一次次从血泊中爬起来，一次次从危机中走出来，克服难以想象的风险、挑战、难题，创造出惊天动地的人间奇迹，根本的一条就是我们党始终弘扬伟大建党精神，在革命、建设、改革长期奋斗中继承优秀传统文化、创造革命文化、建设先进文化，构建起彰显党的性质、反映民族精神、体现时代价值、凝聚各方力量的中国共产党人的精神谱系。这个精神谱系不断为中华民族注入生机和活力，使中国人民的精神面貌发生巨大变化，极大增强了中华民族的团结伟力和民族自信心，成为中国共产党领导民族复兴的一个重要法宝。

中国共产党以独特优势凝聚中国力量，彻底改变中华民族“一盘散沙”之乱象，前所未有地汇成了民族复兴的磅礴合力

近代以来，“一盘散沙”是中国社会一个基本病象。著名启蒙思想家梁启超认为：中国“然终不免一盘散沙之诮者，则以无合群之德故也”。孙中山不无忧虑地说：“中国四万万之众等于一盘散沙。”

因为“一盘散沙”，近代中国进入了“西方侵略者几百年来只要在东方一个海岸上架起几尊大炮就可霸占一个国家的时代”，抵挡不住西方列强发动的一场又一场战争，整个民族陷入任人宰割、饱受欺凌的悲惨境地。当时一些仁人志士看到了中国“一盘散沙”的病象，也在寻找“药方”。梁启超提出“欲维新吾国，当先维新吾民”与“新民为今日中国第一急务”的新民理论；孙中山重视社会革命和建设中的“团体”对组织群众的关键作用，创建兴中会、同盟会，提出“三民主义”主张。

凡此等等，都无法也不可能从根本上解决问题。

邓小平同志指出："中国一向被称为一盘散沙，但是自从我们党成为执政党，成为全国团结的核心力量，四分五裂、各霸一方的局面就结束了。"中国共产党领导的硬核力量与人民群众的主体力量、人民军队的坚盾力量、统一战线的增量力量相结合，形成无坚不摧的中国力量，最终将一盘散沙、四分五裂的中国统一起来、凝聚起来了。

党的领导是中国力量之硬核。中国共产党具有科学组织路线、崇高组织使命、严密组织体系、独特组织机制、严格组织纪律，在长期实践中发挥着把党员组织起来、把人才凝聚起来、把群众动员起来、把军队强大起来的领导优势和组织优势。特别是进入新时代以来，以习近平同志为核心的党中央全面加强党的领导和党的建设，强调增强"四个意识"、坚定"四个自信"、做到"两个维护"，党的团结统一更加巩固，党的政治领导力、思想引领力、群众组织力、社会号召力显著增强，进一步彰显了中国力量的硬核形象。

人民群众是中国力量之主体。数千年来，"民众"一直是被剥削、压迫和奴役的对象。只有在中国共产党领导下，中国人民才真正成为历史的主人。习近平总书记"七一"重要讲话指出："江山就是人民、人民就是江山，打江山、守江山，守的是人民的心。"这是千真万确的。当年在江西苏区，一个23万人口的兴国县，先后参军、参战的革命群众就有8万多人，为革命捐躯的就有5万多人。在淮海战役中，当时投入战斗的解放军有60万人，苏鲁皖豫四省支前的民工有543万人，陈毅同志感慨道：淮海战役的胜利，是人民群众用小车推出来的。正所谓民众一旦唤醒，力量真是无穷！

人民军队是中国力量之坚盾。复兴大业呼唤强军保障。中国共产党成立以来，坚持党指挥枪的根本原则，从“枪杆子里面出政权”到“支部建在连上”，再到“思想建党、政治建军”原则的确立，创造性建构了一整套建军治军原则，培育了特有的光荣传统和优良作风，建立了一支新型人民军队，为党和人民建立了伟大功勋。党的十八大以来，坚持走中国特色强军之路，全面推进政治建军、改革强军、科技强军、人才强军、依法治军，人民军队实现了政治生态重塑、组织形态重塑、力量体系重塑、作风形象重塑，建设世界一流军队的强军目标正在一步一步成为现实，中华民族伟大复兴之路也由此更加坚实。

统一战线是中国力量之巨量。统一战线的目的，就是把拥护我们的人搞得多多的，把反对我们的人搞得少少的。长期以来，中国共产党高度重视统一战线这个法宝，通过建立民主联合战线、抗日民族统一战线、世界反法西斯统一战线、人民民主统一战线、爱国统一战线等，最大限度地凝聚起无比强大的力量，取得革命、建设、改革伟大胜利。进入新时代，以习近平同志为核心的党中央坚持大团结大联合，坚持一致性和多样性统一，寻求最大公约数，画出最大同心圆，中华民族伟大复兴的磅礴力量更加生长壮大。正如习近平总书记“七一”重要讲话中所指出的:“在百年奋斗历程中，中国共产党始终把统一战线摆在重要位置，不断巩固和发展最广泛的统一战线，团结一切可以团结的力量、调动一切可以调动的积极因素，最大限度凝聚起共同奋斗的力量。爱国统一战线是中国共产党团结海内外全体中华儿女实现中华民族伟大复兴的重要法宝。”

中国共产党以伟大成就作出中国贡献，彻底摆脱中国被开除“球籍”之危险，前所未有地迎来了民族复兴的光明前景

历史上，辉煌时期的中国曾经源源不断地为世界作出卓越贡献，但落伍后的中国在世界上沉寂了较长一段时间。1956 年 8 月，毛泽东同志在党的八大预备会议上就中国发展对世界的贡献问题，讲了一段语重心长的话，“你有那么多人，你有那么一块大地方，资源那么丰富，又听说搞了社会主义，据说是有优越性”，如果不能对世界作出应有贡献，“那就要从地球上开除你的球籍！”大半个世纪过去了，在中国共产党领导下，不但中国被开除“球籍”的危险被彻底解除了，那个喧嚣流行的担心大国崛起强盛之后不愿履行全球公共产品供给的“金德尔伯格陷阱”也在中国被不断证伪了。如今的中国，集正义捍卫者、文明创造者、发展推动者、安全维护者于一身，多领域、全方位地为世界贡献着无形的和有形的“中国制造”。

先说正义捍卫者。正义是人类永恒的价值追求。中国共产党是为人类进步事业而奋斗的政党，始终把驱除黑暗和邪恶、维护公平正义作为重要使命。100 年来，党带领中国人民历尽千辛万苦，成功成立社会主义中国、推进改革开放新的伟大革命、开辟中国式现代化道路、创立和发展中国特色社会主义。这些努力，打破了“国强必霸”的历史逻辑，使科学社会主义焕发出旺盛生机和活力，为人类探索更好社会制度提供中国方案，为建设公正合理国际新秩序贡献中国智慧。

再说文明创造者。文明复兴是民族复兴的核心要义，是对人类社会的重大贡献。马克思指出：“凡是民族作为民族所做的事情，都是他们为人类社会而做的事情。”中华民族伟大复兴，实质上是中华古老文明

的凤凰涅槃和中华新文明的应运而生，使历史悠久的中华文明避免毁灭消失的厄运，为捍卫人类文明多样性作出重大贡献。随着中华民族伟大复兴进程的不断推进，特别是国家治理体系和治理能力现代化进程的推进，中国正以与西方迥异的政党体制、社会制度、价值取向、发展模式、文明形态，一步一个脚印地迈向民族复兴。这些“中国制造”无疑宣告“历史终结论”的终结，宣告“西方中心论”“西方文明优越论”“西方发展模式唯一论”的破产，有效启迪陷入“西方之乱”的国家走出治理困境，为人类文明发展贡献中国智慧。

再说发展推动者。中华民族伟大复兴不仅解决了世界上最大发展中国家曾经存在的“生存型”难题，而且为解决世界发展难题贡献了智慧和力量。中国已经进入新发展阶段，新发展理念不断深入人心，新发展格局正在逐步形成，尤其是经济已由高速增长转向高质量发展。中国倡导开放、包容、普惠、平衡、共赢的新型全球化，倡导开放、融通、互利、共赢的新合作观，提出“一带一路”倡议等，连续多年对世界经济增长的贡献率达到 30% 左右，为创新全球发展理念、加快世界经济复苏、坚定全球化发展方向作出积极贡献。

最后说安全维护者。当今世界处于不确定性不安全性剧增的动荡变革期，安全发展尤显珍贵。中华民族伟大复兴，本身就是中国共产党统筹发展和安全两件大事的成功范例。不管经济全球化的逆流多么汹涌，不管世界发展大潮中的“回头浪”多么凶险，中国共产党始终是践行安全发展的中流砥柱，中国永做世界安全发展的“压舱石”。中国倡导对话而不对抗、结伴而不结盟的国际交往观和共同、综合、合作、可持续的新安全观毫不动摇，坚持构建不冲突、不对抗、相互尊重、合作共赢的新型大国关系毫不动摇，不断为优化全球治理、维护世界和平、促进共同发展、重构世界安全秩序作出重要贡献。

“七一”重要讲话豪迈地指出：“一百年前，中华民族呈现在世界面前的是一派衰败凋零的景象。今天，中华民族向世界展现的是一派欣欣向荣的气象，正以不可阻挡的步伐迈向伟大复兴。”抚今追昔，斗转星移。从毛泽东同志关于“四个现代化”的战略谋划，到邓小平同志明确“三步走”的战略步骤，再到习近平总书记“两个阶段”的战略安排，中华民族伟大复兴路线图愈益清晰、任务书愈益明确、决心信心愈益坚定、能力实力愈益强大。展望未来，不到 15 年，我国将基本实现社会主义现代化；再过 30 年，我国将建成富强民主文明和谐美丽的社会主义现代化强国。

“江山代有才人出，各领风骚数百年。”从人口规模和体量来说，历史上英国的崛起是千万级的，美国的崛起是上亿级的，当今中国的崛起则是十多亿级的。这是充分展示中国共产党抱负和担当的伟大使命，这是充分展示中华民族雄心和智慧的伟大创举，也是人类发展史上前所未有的伟大奇迹。

（摘编自《学习时报》2021 年 7 月 7 日）

何毅亭

中共中央党校（国家行政学院）原常务副校（院）长，十三届全国人大常委、社会建设委员会主任委员

郝永平、代江波：中国共产党引领民族复兴的深刻启示

中国共产党是实现中华民族伟大复兴的引领者。习近平总书记在庆祝中国共产党成立100周年大会上的讲话中指出："一百年来，中国共产党团结带领中国人民进行的一切奋斗、一切牺牲、一切创造，归结起来就是一个主题：实现中华民族伟大复兴。"回顾党引领民族复兴的百年奋斗历程，从中看清楚过去我们为什么能够成功、弄明白未来我们怎样才能继续成功，对于在新征程上奋力实现中华民族伟大复兴具有重要意义。

党的坚强领导是中华民族伟大复兴的根本保证

办好中国的事情，关键在党。中国共产党领导是中国特色社会主义最本质的特征，是中国特色社会主义制度的最大优势。我们党是具有鲜明政治优势、理论优势、组织优势、作风优势和纪律优势的无产阶级政党，是具有强大政治领导力、思想引领力、群众组织力、社会号召力的马克思主义政党，是在历史的反复筛选中、在各种政治力量的反复较量中，最终成为担当民族复兴重任的最高政治领导力量。在新征程上奋力实现中华民族伟大复兴，必须坚持党的全面领导，不断完善党的领导体

制机制，增强“四个意识”、坚定“四个自信”、做到“两个维护”；必须不断提高党科学执政、民主执政、依法执政水平，充分发挥党总揽全局、协调各方的领导核心作用；必须坚持党要管党、全面从严治党，勇于自我革命，坚决清除一切损害党的先进性和纯洁性的因素，坚决清除一切侵蚀党的肌体健康的病毒，确保党不变质、不变色、不变味；必须坚持以党的政治建设为统领，继续推进新时代党的建设新的伟大工程，不断提高党的建设质量，把党建设成为经得起各种风浪考验、朝气蓬勃的马克思主义执政党。

人民群众是实现中华民族伟大复兴的依靠力量

人民是历史的创造者，是社会历史发展的力量源泉。我们党的根基在人民、血脉在人民、力量在人民。忘记了人民、脱离了人民，我们党就会成为无源之水、无本之木，就会一事无成。只有得到人民的支持和拥护，汇聚人民的智慧与力量，民族复兴大业才能顺利推进。在新征程上奋力实现中华民族伟大复兴，必须坚守“江山就是人民、人民就是江山”的理念，站稳人民立场，坚持人民主体地位，自觉践行以人民为中心的发展思想，全心全意为人民服务；必须贯彻党的群众路线，尊重人民首创精神，坚持从群众中来到群众中去，最大限度地激发人民群众的创造热情，最大限度地团结一切可以团结的力量、调动一切可以调动的积极因素，最大限度凝聚起民族复兴的磅礴力量；必须永远把人民对美好生活的向往作为奋斗目标，着力解决人民最关心最直接最现实的利益问题，着力解决人民群众急难愁盼的问题，着力解决发展不平衡不充分的问题，推动全体人民共同富裕取得更为明显的实质性进展。

马克思主义是实现中华民族伟大复兴的科学指南

马克思主义是科学的世界观和方法论，是具有科学性、人民性、实践性、开放性品格的伟大思想理论，至今仍占据着真理与道义的制高点。我们党在引领民族复兴的历史进程中，坚持把马克思主义基本原理同中国具体实际相结合，不断推进马克思主义中国化，先后创立了毛泽东思想、邓小平理论，形成了“三个代表”重要思想、科学发展观，创立了习近平新时代中国特色社会主义思想。历史充分说明，有了马克思主义与中国实际相结合而形成的创新理论的科学指引，中华民族伟大复兴就有了正确方向，也有了光明前景。在新征程上奋力实现中华民族伟大复兴，必须坚持把马克思主义基本原理同中国具体实际相结合、同中华优秀传统文化相结合，不断丰富和发展21世纪中国的马克思主义，为实现中华民族伟大复兴提供科学指引；必须不断推进实践基础上的理论创新，用鲜活丰富的当代中国实践来推动马克思主义发展，用宽广视野吸收人类创造的一切优秀文明成果，不断丰富马克思主义理论宝库；必须在改革中守正出新、不断超越自己，及时回答时代之问、人民之问、实践之问，廓清困扰和束缚实践发展的思想迷雾，不断深化对共产党执政规律、社会主义建设规律、人类社会发展规律的认识。

中国特色社会主义是实现中华民族伟大复兴的正确道路

一个国家实行什么样的主义，关键要看这个主义能否解决这个国家面临的历史性课题。为了实现中华民族伟大复兴，我们党带领人民历经千难万险，付出巨大牺牲，赢得新民主主义革命胜利，开展社会主义革命和社会主义建设，确立社会主义制度，在新时期开创中国特色社会主义，在新时代坚持和发展中国特色社会主义。习近平总书记指出："改革开放以来，我们总结历史经验，不断艰辛探索，终于找到了实现中华民族伟大复兴的正确道路，取得了举世瞩目的成果。这条道路就是中国特色社会主义。"走在社会主义的人间正道上，我国创造了世所罕见的经济快速发展奇迹和社会长期稳定奇迹，中华民族迎来了从站起来、富起来到强起来的伟大飞跃，实现中华民族伟大复兴进入了不可逆转的历史进程。历史充分证明，只有社会主义才能救中国，只有社会主义才能发展中国，只有坚持和发展中国特色社会主义才能实现中华民族伟大复兴。在新征程上奋力实现中华民族伟大复兴，必须更加坚定道路自信，始终保持清醒头脑，保持强大定力，坚决不在根本性问题上犯颠覆性错误，既不走封闭僵化的老路，也不走改旗易帜的邪路；必须更加坚定理论自信，特别是对习近平新时代中国特色社会主义思想的高度自信，以科学理论引领民族复兴伟大实践；必须更加坚定制度自信，坚持和巩固、完善和发展我国国家制度和国家治理体系，不断把制度优势更好转化为治理效能；必须更加坚定文化自信，不断激发全民族文化创造活力，更好构筑中国精神、中国价值、中国力量，为实现民族复兴提供强大精神动力。

坚持伟大斗争是实现中华民族伟大复兴的有效手段

认识并运用社会矛盾运动规律，坚持斗争、不懈斗争、在斗争中前进，是实现中华民族伟大复兴的必然选择。我们党在带领人民实现民族复兴的历程中取得的每一个伟大胜利都是通过伟大斗争取得的：新民主主义革命时期，推翻三座大山，成立新中国，实现民族独立和人民解放，为民族复兴创造根本社会条件，靠的是伟大斗争；社会主义革命和建设时期，进行“一化三改”实现社会变革，奋力拼搏改变积贫积弱的面貌，为民族复兴奠定根本政治前提和制度基础，靠的是伟大斗争；改革开放和社会主义现代化建设时期，破除制约和束缚国家和民族发展的体制机制，为民族复兴提供充满活力的体制保证和快速发展的物质条件，靠的是伟大斗争；新时代，统筹推进“五位一体”总体布局、协调推进“四个全面”战略布局，成功应对风云变幻的国际形势，战胜一系列重大风险挑战，为民族复兴提供更为完善的制度保证、更为坚实的物质基础、更为主动的精神力量，靠的是伟大斗争。在新征程上实现中华民族伟大复兴，绝不是轻轻松松、敲锣打鼓就能实现的，前进道路上还面临着一系列重大风险和严峻挑战，必须进行具有许多新的历史特点的伟大斗争。必须牢牢把握斗争方向，对于那些影响我国实现第二个百年奋斗目标、迟滞中华民族伟大复兴进程的各种风险挑战，只要来了，就必须进行坚决斗争，毫不退缩，直至胜利；必须发扬斗争精神，增强忧患意识，坚定斗争意志，坚持从党的精神谱系中汲取斗争智慧和力量，传承共产党人在斗争面前不怕牺牲、不怕吃苦、不怕吃亏的红色基因，以压倒一切困难而不为困难压倒的决心和勇气推进民族复兴大业；必须增强斗争本领，掌握斗争艺术，坚持在严格的思想淬炼、政治历练、实践锻炼、专业训练中提高斗争能力，在严峻的斗争实践中锻造实现民族复兴的高强本领。

（摘编自《北京日报》2021 年 7 月 5 日）

郝永平

中共中央党校（国家行政学院）研究室主任、教授

代江波

中共中央党校（国家行政学院）研究室研究三处副处长

辛鸣：汇聚起实现中华民族伟大复兴的磅礴力量

——

一切奋斗、一切牺牲、一切创造，归结起来就是一个主题：实现中华民族伟大复兴

习近平总书记在庆祝中国共产党成立100周年大会上的重要讲话中指出："一百年来，中国共产党团结带领中国人民进行的一切奋斗、一切牺牲、一切创造，归结起来就是一个主题：实现中华民族伟大复兴。"这一重要论述既是对中国共产党百年奋斗、牺牲、创造的充分肯定，又是对中国共产党在未来新征程奋斗、牺牲、创造的使命要求。

中华民族伟大复兴不是也不会一蹴而就，还需要亿万中华儿女长期地艰苦奋斗。习近平总书记阐述的"四个伟大成就"就是100年来中国共产党致力于中华民族伟大复兴的实践积累和奋斗收获。

为了实现中华民族伟大复兴，中国共产党团结带领中国人民，浴血奋战、百折不挠，创造了新民主主义革命的伟大成就。新民主主义革命的伟大成就集中体现在成立新中国，中国社会从此摆脱了帝国主义的剥削压迫，不再有军阀割据，不再是一盘散沙，实现了人民当家作主。习近平总书记指出："新民主主义革命的胜利，彻底结束了旧中国半殖民

地半封建社会的历史，彻底结束了旧中国一盘散沙的局面，彻底废除了列强强加给中国的不平等条约和帝国主义在中国的一切特权，为实现中华民族伟大复兴创造了根本社会条件。中国共产党和中国人民以英勇顽强的奋斗向世界庄严宣告，中国人民站起来了，中华民族任人宰割、饱受欺凌的时代一去不复返了！”

社会主义革命和建设的伟大成就，集中体现为确立起社会主义基本制度，实现了中华民族有史以来最为广泛而深刻的社会变革。不仅消灭了在中国延续几千年的封建剥削压迫制度，而且战胜帝国主义、霸权主义的颠覆破坏和武装挑衅，实现了一穷二白、人口众多的东方大国大步迈进社会主义社会的伟大飞跃，为实现中华民族伟大复兴奠定了根本政治前提和制度基础。在社会主义制度的保障下，中华民族在科技上站起来。1964 年 10 月 16 日成功爆炸原子弹，1967 年 6 月 17 日成功爆炸氢弹，1970 年 4 月 24 日人造卫星“东方红一号”升空，这一连串的科技突破让中国成为有重要影响的大国。而且，这些成就都是在西方国家对中国实施封锁的背景下创造出来的，所用的时间甚至比西方国家还要短很多。对此，邓小平同志曾经说过：“如果六十年代以来中国没有原子弹、氢弹，没有发射卫星，中国就不能叫有重要影响的大国，就没有现在这样的国际地位。这些东西反映一个民族的能力，也是一个民族、一个国家兴旺发达的标志。”习近平总书记指出，中国共产党和中国人民以英勇顽强的奋斗向世界庄严宣告，中国人民不但善于破坏一个旧世界、也善于建设一个新世界，只有社会主义才能救中国，只有社会主义才能发展中国！

改革开放和社会主义现代化建设的伟大成就，集中体现为为实现中华民族伟大复兴提供了体制保证和快速发展的物质条件。过去 40 多年来，中国社会实现了从高度集中的计划经济体制到充满活力的社会主义市场经济体制、从封闭半封闭到全方位开放的历史性转变，实现了从生产力相对落后的状况到经济总量跃居世界第二的历史性突破，实现了人民生活从温饱不足到总体小康、奔向全面小康的历史性跨越。我们仅以经济总量为例，2020 年中国经济总量 1015986 亿元，超过世界经济总量的 17%，超过美国经济总量的 70%，超过世界上排位第三至第六的日本、德国、英国、印度四国经济总量的总和。习近平总书记指出，中国共产党和中国人民以英勇顽强的奋斗向世界庄严宣告，改革开放是决定当代中国前途命运的关键一招，中国大踏步赶上了时代！

新时代中国特色社会主义的伟大成就更是百尺竿头更进一步，在以习近平同志为核心的党中央领导下，党和国家事业取得历史性成就、发生历史性变革。习近平总书记庄严宣告："我们实现了第一个百年奋斗目标，在中华大地上全面建成了小康社会，历史性地解决了绝对贫困问题，正在意气风发向着全面建成社会主义现代化强国的第二个百年奋斗目标迈进。"这一伟大成就为实现中华民族伟大复兴提供了更为完善的制度保证、更为坚实的物质基础、更为主动的精神力量。习近平总书记指出，中国共产党和中国人民以英勇顽强的奋斗向世界庄严宣告，中华民族迎来了从站起来、富起来到强起来的伟大飞跃，实现中华民族伟大复兴进入了不可逆转的历史进程！

在这里我们特别讲一讲"更为主动的精神力量"。随着中国特色社会主义进入新时代，这种精神上的主动体现在方方面面：针对西方标榜的多党制，中国共产党旗帜鲜明提出"新型政党制度"，中国共产党领导的多党合作和政治协商制度创造了一种新的政党政治模式。毫无疑问，该制度"吐故纳新"、借鉴和吸收了人类政治文明的既有优秀成果，但其独特优势和强大生命力，又在于其植根中国土壤、孕育于中国智慧，充分彰显在国家发展、社会治理、人民民主方面的巨大制度优势。针对西方的民主制度，我们用人民代表大会制度和社会主义协商民主制度确保人民当家作主。关于社会主义市场经济，我们认为，资本主义有计划，社会主义有市场，关键是要正确处理市场与政府的关系，发挥市场在资源配置中的决定性作用，更好地发挥政府作用，走出一条中国特色社会主义市场经济大道。

为什么我们比历史上任何时期都更接近中华民族伟大复兴的目标，更有信心、更有能力实现这一目标？这一切来自中国共产党团结带领中国人民进行的奋斗、牺牲与创造。中国共产党用共同理想把中国人民紧紧团结起来，用正确道路把中国社会发展起来，用严明纪律把中国共产党高度组织起来。

最大限度凝聚起共同奋斗的力量

（1）一切成就都是团结奋斗的结果。团结是铁，团结是钢，团结就是力量。团结是中国人民和中华民族战胜前进道路上一切风险挑战、不断从胜利走向新的胜利的重要保证。中国共产党高度重视团结对于中华民族伟大复兴的意义。1957 年 2 月 27 日，毛泽东同志在最高国务会议第十一次扩大会议上指出："国家的统一，人民的团结，国内各民族的团结，这是我们的事业必定要胜利的基本保证。"习近平总书记在"七一"重要讲话中指出，爱国统一战线是中国共产党团结海内外全体中华儿女实现中华民族伟大复兴的重要法宝。

100 年来，我们取得的一切成就，是中国共产党人、中国人民、中华民族团结奋斗的结果。我们有共同的梦想，有共同的家园，这个梦想就是中华民族伟大复兴。也许在现实生活中每个中国人都分属不同的社会阶层和利益群体，但是在实现中华民族伟大复兴方面，我们都是“一家人”。通过中华民族伟大复兴把不同阶层、不同群体大大小小五彩缤纷的梦想汇聚为一个共同的追求、共同的愿景，在不同中寻找和呵护共同，在共同中尊重和保护差异，这样就把全体中国人民的力量汇集于一处。在迈向第二个百年奋斗目标的新征程上，更要团结一切可以团结的力量、调动一切可以调动的积极因素，最大限度凝聚起共同奋斗的力量。坚持一致性和多样性统一，努力寻求最大公约数、画出最大同心圆，形成海内外全体中华儿女心往一处想、劲往一处使的生动局面，汇聚起实现中华民族伟大复兴的磅礴力量。

（2）创造了中国式现代化新道路。道路决定命运。道路正确，梦想可期；道路错误，南辕北辙。中华民族之所以一步一步走向复兴，就是因为中国共产党带领中国人民找到了一条正确的道路——中国特色社会主义道路。习近平总书记指出，“我们坚持和发展中国特色社会主义，推动物质文明、政治文明、精神文明、社会文明、生态文明协调发展，创造了中国式现代化新道路，创造了人类文明新形态”，更是赋予了中国道路文明的高度。

仅从经济发展来看，中国道路创造性地在社会主义条件下发展市场经济，既发挥了市场经济的长处，又发挥了社会主义制度的优越性；既要“有效的市场”，也要“有为的政府”，在实践中破解了许多世界性难题。创造性地提出基本经济制度，让“两个毫不动摇”同向共进，在把公有制经济巩固好、发展好的同时，让非公有制经济快速健康持续发展，公有制经济、非公有制经济相辅相成、相得益彰，社会迸发出巨大活力。

中国道路使中国社会不仅延续着经济发展一枝独秀的“中国奇迹”，展示着风景这边独好的“中国之治”，更是开始了从追随大国到引领大国的角色转变，从大国向强国迈进的发展阶段跃变。

（3）真正成为世界上最强大的一个政党。从鸦片战争以来到五四运动及其以后相当长一段时间，中国社会出现过不少的政治组织、政治团体，“为了拯救民族危亡，中国人民奋起反抗，仁人志士奔走呐喊，太平天国运动、戊戌变法、义和团运动、辛亥革命接连而起，各种救国方案轮番出台，但都以失败而告终。中国迫切需要新的思想引领救亡运动，迫切需要新的组织凝聚革命力量”。中国产生了共产党，这是开天辟地的大事变。中国共产党一经诞生，就把为中国人民谋幸福、为中华民族谋复兴确立为自己的初心使命。

列宁曾经指出：“党应当是组织的总和（并且不是什么简单的算术式的总和，而是一个整体）。”之所以能成为整体，秘诀在于“组织力”。马克思主义政党只有组织起来，把千千万万的政党成员拧成一股绳，把千千万万政党成员的智慧汇聚到一起，把千千万万政党成员的意志指向同一方向，才会化成集体的行动，才会形成建设新世界、开辟新事业的巨大力量。从早先的毛泽东同志号召“加强纪律性，革命无不胜”，到后来邓小平同志强调“一靠理想，二靠纪律”，再到习近平总书记指出“党的力量来自组织，组织能使力量倍增”，这是100年来中国共产党政党建设历史经验的总结。

习近平总书记指出：“我们党要搞好自身建设，真正成为世界上最强大的一个政党。”最强大的政党一定是高度组织起来，具有严明纪律的政党。中国共产党是按照马克思主义建党原则建立起来的，形成了包括党的中央组织、地方组织、基层组织在内的严密组织体系。这是世界上任何其他政党都不具有的强大优势。党的十八大以来，中国共产党不论是锤炼党性的“大熔炉”，还是纯洁党风的“净化器”，其用力处与着力点都指向做实组织、做强组织，通过强化组织意识、组织体系、组织能力等，让中国共产党不断增强政治领导力、思想引领力、群众组织力、社会号召力，不断增强创造力、战斗力、凝聚力，不断提高把方向、谋大局、定政策、促改革的能力和定力，不断增强自我净化、自我完善、自我革新、自我提高的能力，真正成为世界上最强大的政党。

中国共产党是用马克思主义武装起来的政党，马克思主义是中国共产党人理想信念的灵魂。我们党之所以能够历经艰难困苦而不断发展壮大，很重要的一个原因就是始终重视思想建党、理论强党，使全党始终保持统一的思想、坚定的意志、协调的行动、强大的战斗力。这一鲜明特征与独特优势贯穿中国共产党为中华民族谋复兴的全过程。中国共产党在党的高度团结统一的基础上，团结带领中国人民取得了革命的胜利，实现了民族独立、人民解放，团结带领中国人民取得了建设与改革的成功，实现国家富强、人民幸福，如今，在实现了第一个百年奋斗目标后，正在意气风发向着全面建成社会主义现代化强国的第二个百年奋斗目标迈进。

（摘编自《深圳特区报》2021 年 7 月 6 日）

辛　鸣

中共中央党校（国家行政学院）教授

赵培尧、洪向华：明晰百年复兴之路的时代方位

—

习近平总书记在庆祝中国共产党成立100周年大会上的讲话中指出："一百年来，中国共产党团结带领中国人民进行的一切奋斗、一切牺牲、一切创造，归结起来就是一个主题：实现中华民族伟大复兴。"中国共产党所开辟的中国道路从根本上说是一条民族复兴之路。党一经诞生，就把为中国人民谋幸福、为中华民族谋复兴作为自己的初心和使命。在建党百年之际，我们要观历史、望未来，同时放眼国际国内，从百年奋斗中看清楚我们在复兴之路征程中的历史坐标，深度把握中国道路的时代方位，为更好地实现第二个百年奋斗目标打下坚实基础。

观历史：铭记恢宏史诗

知所从来，方明所去。习近平总书记强调："以史为鉴，可以知兴替。我们要用历史映照现实、远观未来，从中国共产党的百年奋斗中看清楚过去我们为什么能够成功、弄明白未来我们怎样才能继续成功，从而在新的征程上更加坚定、更加自觉地牢记初心使命、开创美好未来。"纵观百年党史，百年民族复兴之路得以稳步推进，离不开中国共产党

团结带领人民群众在各个历史时期创造的伟大成就。新民主主义革命时期，党同人民群众为拯救民族危亡，浴血奋战、奋起反抗，推翻了帝国主义、封建主义、官僚资本主义三座大山，成立了人民当家作主的新中国，实现了民族独立和人民解放，为实现中华民族伟大复兴创造了根本社会条件；社会主义革命和建设时期，党和人民自力更生、艰苦奋斗，进行社会主义革命，确立社会主义基本制度，不断推进社会主义建设，为实现中华民族伟大复兴奠定了根本政治前提和制度基础；改革开放和社会主义现代化建设时期，党团结带领人民坚定不移推进改革开放，开辟中国特色社会主义道路，形成中国特色社会主义理论体系，确立了中国特色社会主义制度，发展了中国特色社会主义文化，为实现中华民族伟大复兴提供了充满活力的体制保证和快速发展的物质条件；进入新时代，伴随百年未有之大变局，民族复兴伟业迎来了长风破浪般的机遇。在党的领导下，伟大斗争、伟大工程、伟大事业、伟大梦想共同创造了新时代中国特色社会主义的伟大成就，中国特色社会主义制度进一步完善，第一个百年奋斗目标如期实现，为实现中华民族伟大复兴提供了更为完善的制度保证、更为坚实的物质基础、更为主动的精神力量。

100 年的披荆斩棘、拼搏奋斗凝聚成一部民族复兴的恢宏史诗，换来如今世界瞩目的中国盛世，印证了中华民族从站起来、富起来到强起来的伟大飞跃。初心易得，始终难守。在未来的复兴之路上，我们要常常凝望初心、重读历史，从党的百年历史中汲取前进的智慧与力量，从而在新的征程上更加坚定、更加自觉地牢记初心使命、开创美好未来。

望未来：接续百年奋斗

中国共产党的百年历史是一部接续奋斗的历史。中国道路百年征程的推进，与党团结带领人民坚守初心、接续奋斗密不可分。建党百年之际，我们已如期实现了第一个百年奋斗目标，全面建成了小康社会，解决了绝对贫困等顽瘴痼疾。在向着全面建成社会主义现代化强国的第二个百年奋斗目标迈进的征途上，我们不仅要铭记百年恢宏史诗，更要发扬艰苦奋斗精神，以“赶考”的清醒接续奋斗，继续开拓复兴之路。习近平总书记在“七一”重要讲话中阐明的“九个必须”，为我们推进复兴之路新征程提出了时代要求。

其一，必须坚持中国共产党坚强领导。没有中国共产党就没有新中国，也就没有中华民族伟大复兴。在新征程中，必须增强“四个意识”、坚定“四个自信”、做到“两个维护”，牢记“国之大者”，充分发挥党的领导核心作用。其二，必须团结带领中国人民不断为美好生活而奋斗。人民群众是历史的创造者，是真正的英雄。中国共产党的根基在人民、血脉在人民、力量在人民。在复兴之路新征程中，必须坚持全心全意为人民服务的宗旨，站稳人民立场，进一步推动人的全面发展、全体人民共同富裕。其三，必须继续推进马克思主义中国化。马克思主义是我们立党立国的根本指导思想，是党的灵魂和旗帜。在新征程中，必须坚持马克思列宁主义、毛泽东思想、邓小平理论、“三个代表”重要思想、科学发展观，全面贯彻习近平新时代中国特色社会主义思想，把握时代、引领时代，不断开辟马克思主义中国化新境界。其四，必须坚持和发展中国特色社会主义。中国特色社会主义是党和人民历经百年奋斗所得出的历史结论，是实现民族复兴的正确中国道路。其五，必须加快国防和军队现代化。坚持党指挥枪、建设自己的人民军队，是党在血与火的斗争中得出的颠扑不破的真理。必须坚持党对人民军队的绝对领导，坚持走中国特色强军之路，在百年未有之大变局中以人民军队捍卫国家主权、安全、发展利益。其六，必须不断推动构建人类命运共同体。在推动民族复兴的进程中，党也始终关注人类前途命运，坚持做世界和平的建设者、全球发展的贡献者、国际秩序的维护者。其七，必须进行具有许多新的历史特点的伟大斗争。面对新征程，我们必须统筹中华民族伟大复兴战略全局和世界百年未有之大变局，深刻认识我国社会主要矛盾变化带来的新特征新要求，深刻认识错综复杂的国际环境带来的新矛盾新挑战，发扬敢于斗争、敢于胜利的伟大精神。其八，必须加强中华儿女大团结。爱国统一战线是党团结海内外全体中华儿女实现中华民族伟大复兴的重要法宝，必须坚持大团结大联合，汇聚起民族复兴的磅礴力量。其九，必须不断推进党的建设新的伟大工程。要牢记打铁必须自身硬的道理，增强全面从严治党永远在路上的政治自觉，发扬刀刃向内的自我革命精神，确保党在新时代坚持和发展中国特色社会主义的历史进程中保持先进性和纯洁性。

“九个必须”为全党全国各族人民向第二个百年奋斗目标迈进指明了前进方向、提供了根本遵循。只要我们按照“九个必须”的要求接续奋斗、全力推进社会主义现代化事业，第二个百年奋斗目标一定能够顺利如期实现。

向内看：不断开辟中国道路新境界

习近平总书记强调：“中国共产党为什么能，中国特色社会主义为什么好，归根到底是因为马克思主义行！”100年来，马克思主义深刻改变了中国，中国发展的实践也极大丰富了马克思主义。习近平总书记曾指出：“无论搞革命、搞建设、搞改革，道路问题都是最根本的问题。”把马克思主义的普遍真理同中国的具体实际相结合，走自己的道路、走正确的道路，是一代又一代中国共产党人在道路探索过程中为后人积累的宝贵历史经验。自建党以来，中国共产党以马克思主义为指导，从中国的国情出发，先后开辟了新民主主义革命道路、社会主义改造道路、中国特色社会主义道路，以理论的创新和实践的落实不断推进马克思主义中国化，使中国特色社会主义道路越走越宽广。中国道路的方向引领着民族复兴的征程。在民族复兴伟业中开辟新路，把中国道路走广、走深、走实，就必须从中国内部实际出发，洞察时代大势，把握历史主动，不断开辟马克思主义中国化新境界。理论的生命力在于创新，只有坚持不懈用党的创新理论最新成果指导实践、推动工作，才能在民族复兴新征程中继续开辟伟大新路、创造伟大事业、取得伟大成就。

向外看：为全球治理贡献中国智慧

习近平总书记指出：“中国人民是崇尚正义、不畏强暴的人民，中华民族是具有强烈民族自豪感和自信心的民族。中国人民从来没有欺负、压迫、奴役过其他国家人民，过去没有，现在没有，将来也不会有。”中国共产党在为中国人民谋幸福、为中华民族谋复兴的同时在为全世界谋和平与发展，党始终关注全人类的前途与命运，以中国的新发展为世界提供新机遇，弘扬和平、发展、公平、正义、民主、自由的全人类共同价值，坚持合作、开放、互利共赢，不搞对抗、封闭、零和博弈，反对霸权主义和强权政治，同世界上一切进步力量携手共进。

新的征程中，复兴之路的稳步推进不仅要求党带领中国进一步自我升华、自我提高，亦与和平而稳定的国际形势息息相关。必须进一步推动构建人类命运共同体，以和平、和睦、和谐的方式使中国智慧和中国方案在全球得以落地生根，提高中国在全球治理中的引领力和话语权，找准中华民族伟大复兴在人类文明进步中的历史坐标，以道路自信和国际认同进一步推动民族复兴新征程。

（摘编自宣讲家网 2021 年 7 月 6 日）

赵培尧

山东大学马克思主义学院博士

洪向华

中共中央党校（国家行政学院）督学、教授

第 四 章

CHAPTER 4

深入领会伟大建党精神的深刻内涵和时代价值

一百年前，中国共产党的先驱们创建了中国共产党，形成了坚持真理、坚守理想，践行初心、担当使命，不怕牺牲、英勇斗争，对党忠诚、不负人民的伟大建党精神，这是中国共产党的精神之源。

一百年来，中国共产党弘扬伟大建党精神，在长期奋斗中构建起中国共产党人的精神谱系，锤炼出鲜明的政治品格。历史川流不息，精神代代相传。我们要继续弘扬光荣传统、赓续红色血脉，永远把伟大建党精神继承下去、发扬光大！

曲青山：弘扬伟大建党精神

中国共产党成立已经整整100年了。100年对于不同政党具有不同的意义。对于伟大的中国共产党来讲，百年只是宏伟事业的开始，只是威武雄壮活剧的序幕。中国共产党立志于中华民族千秋伟业，百年恰是风华正茂。那么，中国共产党永葆青春活力的秘诀是什么？习近平总书记在庆祝中国共产党成立100周年大会上的重要讲话中，总结、概括、提炼了我们党在百年奋斗历程中形成的伟大建党精神，这就是“坚持真理、坚守理想，践行初心、担当使命，不怕牺牲、英勇斗争，对党忠诚、不负人民”。伟大建党精神，思想精辟、内涵丰富，意义重大、意境深远，深刻揭示了中国共产党的特质，是我们全面认识和准确把握中国共产党为什么能的一把金钥匙。深入学习贯彻习近平总书记重要讲话精神，对于我们弘扬伟大建党精神、推进党的建设新的伟大工程、把新时代中国特色社会主义伟大事业推向前进，具有重大现实意义和深远历史意义。

中国共产党百年光辉历史的全面总结

伟大建党精神充分体现了中国共产党历史发展的主题和主线。中国共产党历史发展的主题和主线是什么？就是争取民族独立、人民解放和实现国家富强、人民幸福。伟大建党精神，一直激励全党为完成这两大历史任务而奋斗。这两大历史任务，是自1840年鸦片战争开始中国逐步成为半殖民地半封建社会后提出来的。为了实现民族复兴，挽救中国于危难之中，无数仁人志士不屈不挠、前仆后继，进行了可歌可泣的斗争。太平天国运动、戊戌变法、义和团运动、辛亥革命接连而起，各种救国方案轮番出台，但都以失败而告终。在中国人民和中华民族的伟大觉醒中，在马克思列宁主义同中国工人运动的紧密结合中，中国共产党应运而生。中国共产党成立后，毅然肩负起近代以来中国其他阶级及其政治力量不能肩负的这两大历史任务。我们党团结带领人民经过28年浴血奋战，打败日本帝国主义，推翻国民党反动统治，取得新民主主义革命胜利，建立中华人民共和国，实现了民族独立、人民解放，完成了反帝反封建的历史任务。之后，我们党团结带领人民为实现国家富强、人民幸福而继续奋斗。经过新中国成立后70多年特别是改革开放以来40多年的持续奋斗，实现中华民族伟大复兴进入了不可逆转的历史进程！

伟大建党精神充分展示了中国共产党历史的主流和本质。中国共产党历史的主流和本质是什么？就是不懈奋斗史、不怕牺牲史、理论探索史、为民造福史、自身建设史。不懈奋斗史，就是100年来我们党团结带领人民为完成民族独立、人民解放和实现国家富强、人民幸福而不懈奋斗的历史；不怕牺牲史，就是100年来我们党为了国家富强、民族振兴、人民幸福而不怕牺牲的历史；理论探索史，就是100年来我们党把马克思主义基本原理同中国具体实际相结合、同中华优秀传统文化相结合，不断推进马克思主义中国化，进行理论探索的历史；为民造福史，就是100年来我们党坚持全心全意为人民服务的根本宗旨，始终不渝为民造福的历史；自身建设史，就是100年来我们党为了保持先进性和纯洁性，勇于推进自我革命，不断加强自身建设的历史。伟大建党精神，在党的百年奋斗史中得以铸造和不断弘扬。不懈奋斗史，始终激励全党矢志践行初心使命；不怕牺牲史，始终激励全党坚定理想信念；理论探索史，始终激励全党不断推进理论创新、进行理论创造；为民造福史，始终激励全党坚持光荣革命传统；自身建设史，始终激励全党坚持推进自我革命。

伟大建党精神充分彰显了中国共产党的伟大历史性贡献。100年来，中国共产党作出的伟大历史性贡献，主要体现在对国家、对中国人民、对中华民族、对世界和平和人类发展进步事业等方面。我们党对国家的伟大历史性贡献，就是深刻改变了近代以后中国积贫积弱、落后挨打的悲惨命运，使国家日益走向繁荣富强；我们党对中国人民的伟大历史性贡献，就是深刻改变了中国人民被压迫、被奴役、被剥削的悲惨境地，使人民翻身解放、当家作主，成为国家、社会和自己命运的主人；我们党对中华民族的伟大历史性贡献，就是深刻改变了近代以后中华民族任人宰割、任人欺凌的历史，中华民族迎来了从站起来、富起来到强起来的伟大飞跃，迎来了实现伟大复兴的光明前景；我们党对世界和平和人类发展进步事业的伟大历史性贡献，就是深刻改变了世界的发展趋势和格局，使中国特色社会主义成为振兴世界社会主义的中流砥柱，为解决人类面临的共同问题、为建设美好世界贡献了中国智慧、中国方案、中国力量。中国共产党的伟大历史性贡献，是伟大建党精神发挥作用的必然结果。

中国共产党特质的生动写照

中国共产党是近代中国历史发展的必然产物。中国共产党成立伊始，就坚持以马克思列宁主义为行动指南，以全心全意为人民服务为根本宗旨，把为中国人民谋幸福、为中华民族谋复兴作为初心和使命，把实现共产主义作为最高理想和最终目标。100 年来，我们党就是按照这样的性质宗旨、初心使命、最高理想和最终目标来建设党的。因此，伟大建党精神是中国共产党特质的生动写照。

坚持真理、坚守理想，体现的是我们党思想先进、信仰坚定的特质，展现的是党的强大思想优势。我们党之所以把马克思主义作为立党立国的根本指导思想，就是认定马克思主义揭示了人类社会发展的客观规律，是放之四海而皆准的普遍真理。100 年来，我们党坚持把马克思主义基本原理同中国具体实际相结合、同中华优秀传统文化相结合，推进马克思主义中国化，创立了毛泽东思想、邓小平理论，形成了“三个代表”重要思想、科学发展观，创立了习近平新时代中国特色社会主义思想，为我们不断从胜利走向胜利确立了思想旗帜和行动指南。我们党的有效做法和成功经验是：党的事业每发展一步，党的理论创新就前进一步；党的理论创新每前进一步，党的理论武装就跟进一步。真理是我们党在领导人民群众进行的伟大实践中获得并坚持的，理想是我们党在进行理论武装中确立并坚守的。

践行初心、担当使命，体现的是我们党初衷不改、本色依旧的特质，展现的是党的强大政治优势。中国共产党人的初心和使命，就是为中国人民谋幸福，为中华民族谋复兴。这个初心和使命是激励中国共产党人不断前进的根本动力。100 年来，我们党始终坚持不忘初心、牢记使命，坚持最低纲领与最高纲领相统一，坚持共产主义远大理想与中国特色社会主义共同理想相统一。党团结带领人民，进行新民主主义革命，推翻三座大山，建立新中国，进行社会主义革命，确立社会主义基本制度，推进社会主义建设，为的是践行初心、担当使命。党团结带领人民，坚定不移推进改革开放，推进社会主义现代化建设，开创中国特色社会主义新时代，全面建成小康社会，开启全面建设社会主义现代化国家新征程，为实现中华民族伟大复兴的中国梦而努力奋斗，同样为的是践行初心、担当使命。

不怕牺牲、英勇斗争，体现的是我们党意志顽强、作风优良的特质，展现的是党的强大精神优势。由于中国的特殊国情，由于纷繁复杂的国内外环境，我国革命、建设、改革事业异常艰巨。要奋斗就会有牺牲，要进步就必须付出。世界上没有哪个党像我们这样，遭遇过如此多的艰难险阻，经历过如此多的生死考验，付出过如此多的惨烈牺牲。据不完全统计，从 1921 年至 1949 年，全国牺牲的有名可查的革命烈士就达 370 多万人。在脱贫攻坚斗争中，1800 多名同志将生命定格在了脱贫攻坚征程上。100 年来，我们党团结带领人民以“为有牺牲多壮志，敢教日月换新天”的大无畏气概，不怕牺牲、英勇斗争，才取得抗日战争、解放战争、抗美援朝战争等一系列胜利，抵御和打破了以美国为首的西方国家对我国进行的政治孤立、经济封锁、军事威胁，我们才在应对政治的、经济的、军事的、科技的、意识形态的、文化的、社会的、自然界的、国内的、国外的各种风险挑战中赢得了优势、赢得了主动、赢得了未来。

对党忠诚、不负人民，体现的是我们党品德高尚、情系人民的特质，展现的是党的强大道德优势。中国共产党聚集了中华民族众多最优秀的儿女，他们确立了马克思主义的世界观、人生观、价值观，继承了中华民族的传统美德，对党无限忠诚，对人民无限热爱。忠诚是共产党人崇高的政治品质，人民在共产党的心目中具有至高无上的地位。道德靠忠诚滋养，靠奋斗培育；忠诚靠道德支撑，靠实践锤炼。我们党来自人民，党的根基和血脉在人民，为人民而生，因人民而兴，始终同人民在一起，为人民利益而奋斗。100 年来，一代又一代中国共产党人顽强拼搏、不懈奋斗，涌现了一大批舍生取义的革命烈士、一大批顽强奋斗的英雄人物、一大批忘我奉献的先进模范，他们以实际行动诠释了共产党人的忠诚内涵，展现了共产党人的人民情怀。

中国共产党人精神谱系的高度凝练

我们党的百年历史就是一部精神构筑史。100 年来，我们党铸就了一系列伟大精神，构建起中国共产党人的精神谱系。这些伟大精神一脉相承、代代相传，跨越时空、历久弥新，是党和人民的宝贵精神财富，深深融入我们党、国家、民族、人民的血脉之中，为我们立党兴党强党提供了丰厚滋养。我们要弘扬光荣传统，赓续红色血脉，永远把伟大建党精神继承下去、发扬光大。

伟大建党精神是中国共产党人精神谱系的源和本。历史从哪里开始，精神就从哪里产生。我们党在不同历史时期围绕完成不同历史任务，形成了一系列伟大精神。在新民主主义革命时期，形成了红船精神、井冈山精神、古田会议精神、苏区精神、长征精神、遵义会议精神、东北抗联精神、延安精神、伟大抗战精神、太行精神、吕梁精神、红岩精神、沂蒙精神、西柏坡精神等。在社会主义革命和建设时期，形成了抗美援朝精神、北大荒精神、红旗渠精神、大庆精神、铁人精神、雷锋精神、焦裕禄精神、王杰精神、“两弹一星”精神等。在改革开放和社会主义现代化建设新时期，形成了改革开放精神、特区精神、女排精神、抗洪精神、抗击非典精神、载人航天精神、抗震救灾精神、北京奥运精神等。在中国特色社会主义新时代，形成了劳动精神、劳模精神、工匠精神、探月精神、新时代北斗精神、抗疫精神、脱贫攻坚精神等。这些精神，都是伟大建党精神在各个历史时期的突出表现和具体体现。

伟大建党精神是中国共产党人精神谱系的根和魂。我们党在不同历史时期产生的伟大精神，尽管内涵不尽相同，但其本质内容和精神实质是相通的、统一的、一致的。解放思想、实事求是、与时俱进、求真务实、坚定信仰、坚守理想、百折不挠、坚忍不拔、立党为公、忠诚为民、独立自主、自力更生、艰苦奋斗、勤俭节约、清正廉洁、秉公办事、热爱祖国、热爱人民、无私奉献、担当使命、顾全大局、严守纪律、同心同德、齐心协力、万众一心、众志成城、团结互助、和衷共济、敢于斗争、敢于胜利、舍生忘死、视死如归、大胆实践、勇于创新、敢闯敢干、敢为人先、开拓进取、埋头苦干、以人为本、人民至上、坚持真理、不怕牺牲、自强不息、永远奋斗等关键词、核心语，是各种精神的内核和基本要素。伟大建党精神成为贯穿中国共产党人精神谱系的一条红线，是党的各种精神的高度概括和凝练。

新时代中国共产党人继续砥砺前行的强大动力

弘扬伟大建党精神，开启全面建设社会主义现代化国家新征程，奋力实现中华民族伟大复兴中国梦。习近平总书记强调：“中华民族伟大复兴，绝不是轻轻松松、敲锣打鼓就能实现的。全党必须准备付出更为艰巨、更为艰苦的努力。”党的十八大以来，在以习近平同志为核心的党中央坚强领导下，经过全党全国各族人民共同努力，我国脱贫攻坚战取得全面胜利，完成了消除绝对贫困的艰巨任务，全面建成小康社会，胜利实现第一个百年奋斗目标。现在，我们已经开启了全面建设社会主义现代化国家新征程，正在向第二个百年奋斗目标进军。宏伟目标催人奋进，但要胜利实现还需付出更为艰苦的努力。我们必须弘扬伟大建党精神，保持良好精神状态，不懈怠、不骄傲，一鼓作气、再接再厉，奋勇向前。

弘扬伟大建党精神，应对世界百年未有之大变局，应对国内外各种风险挑战。习近平总书记指出：“越是接近民族复兴越不会一帆风顺，越充满风险挑战乃至惊涛骇浪。”“我们面临的各种斗争不是短期的而是长期的，至少要伴随我们实现第二个百年奋斗目标全过程。”当前，我国发展面临着前所未有的风险挑战，既有国内的也有国际的，既有政治、经济、文化、社会等领域的也有来自自然界的，既有传统的也有非传统的，“黑天鹅”“灰犀牛”还会不期而至。要更好应对前进道路上各种可以预见和难以预见的风险挑战，我们必须弘扬伟大建党精神，敢于斗争、敢于胜利，坚决顶起自己该顶的那片天，不断取得斗争新胜利，不断打开事业新局面。

弘扬伟大建党精神，全面从严治党、推进党的自我革命，确保党在坚持和发展中国特色社会主义的历史进程中始终成为坚强领导核心。习近平总书记强调：“办好中国的事情，关键在党。”堡垒最容易从内部攻破。我们党面临的最大风险是内部变质、变色、变味，丧失马克思主义政党的政治本色，背离党的根本宗旨而失去最广大人民的支持和拥护。党的百年历史，也是我们党不断保持先进性和纯洁性，不断防范被瓦解、被腐化的危险的历史。面对“四大考验”和“四种危险”，要解决党的建设面临的现实问题，确保我们党在世界形势深刻变化的历史进程中始终走在时代前列，在应对国内外各种风险挑战的历史进程中始终成为全国人民的主心骨，在坚持和发展中国特色社会主义的历史进程中始终成为坚强领导核心，必须弘扬伟大建党精神，不断提高党的领导水平和执政水平，增强拒腐防变和抵御风险的能力。

（摘编自《人民日报》2021 年 7 月 8 日）

曲青山

中共中央党史和文献研究院院长、研究员，中国中共党史学会会长

祝灵君：继承弘扬伟大建党精神

—

一个人要有点精神，一个民族、一个国家、一个政党更是如此。中国共产党能够从小到大、由弱变强，走向百年大党强党，源于伟大建党精神，这是中国共产党人的精神之源、力量之源，是中国共产党人的精神谱系的真实写照，也是中国共产党人初心和使命的真实呈现。习近平总书记在庆祝中国共产党成立100周年大会上指出："一百年来，中国共产党弘扬伟大建党精神，在长期奋斗中构建起中国共产党人的精神谱系，锤炼出鲜明的政治品格。历史川流不息，精神代代相传。我们要继续弘扬光荣传统、赓续红色血脉，永远把伟大建党精神继承下去、发扬光大！"

伟大建党精神从哪里来

一切精神皆有来源，追根溯源，必源于人民、源于实践、源于斗争。伟大建党精神也是如此。

近代以来的中国因为帝国主义入侵而国家蒙辱、人民蒙难。国家蒙辱、人民蒙难最终必然体现为文明蒙尘。中国迫切需要一种能够实现传统文化创造性转化、创新性发展的新型理论的指引。十月革命一声炮响，给中国送来了马克思列宁主义。马克思列宁主义强调解放和发展生产力，强调人的自由与发展，强调人的尊严与平等，强调人民主体地位。马克思主义进入中国，得到了中国先进分子发自内心的拥护和满怀热情的拥抱。由马克思主义武装起来的中国共产党坚持把马克思主义基本原理同中国具体实际结合起来、同中华优秀传统文化结合起来，用马克思主义观察时代、把握时代、引领时代，不断推进马克思主义中国化时代化。中国共产党的诞生是开天辟地的大事变，从此，中国人民、中华民族的面貌焕然一新。

中国有5000多年的悠久文明，是世界上各种古老文明形态中唯一没有中断的文明，为人类文明进步作出了不可磨灭的贡献。世界文明因为中华文明而绚丽多彩，中华文明因为世界文明而发展创新。中华文明中的和合文化、修身修心养德的传统、天下情怀、大同思想、天人合一理念等代代相传、生生不息。中国共产党是在近代以来中国土壤中诞生的马克思主义政党，必然义无反顾地传承和发展优秀的传统文化，必然将这些文化因子发扬光大并成为伟大建党精神的有机组成部分。

中国共产党团结带领中国人民进行的一切奋斗、一切牺牲、一切创造，归结起来就是一个主题：实现中华民族伟大复兴。党带领人民取得了新民主主义革命、社会主义革命和建设、改革开放和社会主义现代化建设、新时代中国特色社会主义的伟大成就，形成了包括红船精神、井冈山精神、延安精神、西柏坡精神、抗美援朝精神、“两弹一星”精神、特区精神、抗洪精神、抗震救灾精神、抗疫精神等在内的中国共产党人的精神谱系。

勇于自我革命，是中国共产党区别于其他政党的显著标志。党在一大纲领中郑重提出“党的根本政治目的是实行社会革命”。革命者必先自我革命，坚持以自我革命推进社会革命，是中国共产党始终如一的鲜明品格。中国共产党自成立以来，就特别重视通过管党治党实现自我净化、自我完善、自我革新、自我提高，在百年历程中形成、发展、巩固了丰富的自我革命思想成果，如坚定理想信念、加强党性修养、严肃党内政治生活、坚持经常性教育和集中性教育相结合、勇于开展批评和自我批评、加强党内监督、接受人民监督等。

深刻把握伟大建党精神的基本内涵

习近平总书记指出："一百年前，中国共产党的先驱们创建了中国共产党，形成了坚持真理、坚守理想，践行初心、担当使命，不怕牺牲、英勇斗争，对党忠诚、不负人民的伟大建党精神，这是中国共产党的精神之源。"中国共产党在不同时期、不同地区和领域中形成了丰富的精神谱系。而伟大建党精神是中国共产党人的精神之源。

坚持真理、坚守理想。革命理想高于天，掌握真理的马克思主义政党必然胸怀理想信念，理想信念是中国共产党人精神上的"钙"。中国共产党人以马克思主义作为自己的思想武器，坚持用批判的武器和武器的批判相结合，用历史唯物主义和辩证唯物主义观察历史、观察世界、观察大势；坚持以实践观点和斗争精神观察问题、分析问题、解决问题；坚持以社会革命作为党的根本政治目的，不断解放和发展生产力，不断推进人的全面发展和社会全面进步；坚定共产主义远大理想和中国特色社会主义共同理想，要求党员具有无私奉献和奋斗精神，把实现远大目标和近期目标统一起来。

践行初心、担当使命。党的初心和使命是党的性质宗旨、理想信念、奋斗目标的集中体现。中国共产党人始终坚定马克思主义信仰，坚定共产主义远大理想，坚定中国特色社会主义共同理想，牢记全心全意为人民服务的根本宗旨。为中国人民谋幸福、为中华民族谋复兴是党的初心使命。初心易得，始终难守；初心如磐，使命如山。只有永葆初心，才能继续前行、不懈奋斗。一代又一代的中国共产党人接受了初心考验和使命磨炼，接受了历史和人民评判。一部中国共产党的历史就是一部用党的初心使命映照全体共产党员、激励全体共产党员砥砺奋进的历史。

不怕牺牲、英勇斗争。中国共产党诞生于国家内忧外患、民族危难之时，一出生就铭刻着不怕牺牲、英勇斗争的烙印，一路走来就是在敢于牺牲和勇于斗争中求得生存、获得发展、赢得胜利。近代以来，为中国革命和建设事业献出宝贵生命的烈士约有 2000 万，他们大多数是共产党员。新中国成立前，中共中央委员与候补委员共 170 多人，42 人牺牲，约占四分之一；政治局委员与候补委员共 55 人，15 人牺牲，约占四分之一。中国共产党人愿意为人民和民族牺牲宝贵的生命，愿意为实现人民对美好生活的向往、实现中华民族伟大复兴而进行英勇斗争，归根结底是因为党从人民群众中来，到人民群众中去。逆境顺境看胸襟，大事难事看担当。中国共产党人的斗争精神、斗争意志体现在面对大事难事敢于担当、面对大是大非敢于亮剑、面对矛盾敢于迎难而上、面对危机敢于挺身而出、面对失误敢于承担责任、面对歪风邪气敢于坚决斗争等方面。

对党忠诚、不负人民。中国共产党为人民而生、由人民而立、因人民而兴，始终坚持以人民为中心，始终把人民放在心中最高位置。正如习近平总书记指出的：“中国共产党始终代表最广大人民根本利益，与人民休戚与共、生死相依，没有任何自己特殊的利益，从来不代表任何利益集团、任何权势团体、任何特权阶层的利益。”党性与人民性从来都具有高度的一致性，对党忠诚与对人民负责从来都是一致的。在百年大党的不平凡历程中，凡是把党的利益与人民利益对立起来的企图注定要失败，凡是脱离实际、脱离人民需要想问题、干事情注定会失败，凡是想把中国共产党和中国人民分割开来、对立起来的企图注定会失败。

永远把伟大建党精神继承下去、发扬光大

习近平总书记指出，“我们要用历史映照现实、远观未来，从中国共产党的百年奋斗中看清楚过去我们为什么能够成功、弄明白未来我们怎样才能继续成功”。当代中国共产党人弘扬伟大建党精神必须始终落实在进行伟大斗争、建设伟大工程、推进伟大事业、实现伟大梦想的全部活动之中。

在进行伟大斗争中弘扬伟大建党精神。敢于斗争、敢于胜利，是中国共产党不可战胜的强大精神力量。百年历程，中国共产党带领人民取得了举世瞩目的成就，就是靠伟大建党精神。启航新征程、迈向第二个百年奋斗目标，我们比历史上任何时期都更接近、更有信心和能力实现中华民族伟大复兴的奋斗目标。然而，前进之路必然有各种风险考验甚至会遇到惊涛骇浪，必须进行具有许多新的历史特点的伟大斗争。全体共产党人要勇于斗争、善于斗争，学会在新时代开展斗争，在伟大斗争中弘扬伟大建党精神，从伟大建党精神中汲取斗争智慧、坚定斗争意志、增强斗争本领。

在建设伟大工程中弘扬伟大建党精神。思想定魂，理论定神，组织塑形。新时代推进党的建设新的伟大工程，必须坚持和加强党的全面领导，坚持全面从严治党，把党的政治建设摆在首位并发挥统领作用，把党的思想建设作为基础性建设，贯彻落实新时代党的组织路线，坚持作风建设永远在路上，坚持把纪律建设放在更加突出位置，坚持把制度建设贯穿党的建设各领域各方面各环节，深入推进反腐败斗争，以自我革命推进社会革命，以高质量党建引领高质量发展。

在推进伟大事业中弘扬伟大建党精神。中国共产党与社会主义事业具有内在逻辑联系。中国特色社会主义有许多特征，最本质的特征是中国共产党的领导，反映了党与社会主义事业内在统一这个“本真”结论；党的领导是中国最大的国情，反映了中国共产党与中国特色社会主义事业内在统一这个“本土”属性；中国共产党的领导确保社会主义前进方向，反映了中国共产党与中国特色社会主义内在统一这个“本来”定位。党和中国特色社会主义事业的紧密联系表明，党的命运与社会主义的命运紧密联系在一起，党兴则社会主义兴，党强则社会主义强。同理，社会主义事业愈是发展壮大，党越是发展壮大。中国共产党人弘扬伟大建党精神，必须始终高举中国特色社会主义伟大旗帜；推进中国特色社会主义伟大事业，必须以伟大建党精神凝神定向。

在实现伟大梦想中弘扬伟大建党精神。实现中华民族伟大复兴的中国梦既是国家的梦、民族的梦，也是每一位中国人的梦。中国共产党带领人民要把梦想变成现实，必须把人民组织起来、把海内外中华儿女凝聚起来，团结一切可以团结的力量、调动一切可以调动的积极因素，最大限度凝聚起共同奋斗的力量。在迈向第二个百年奋斗目标的新征程中，中国共产党必须统揽两个大局，立足于党和人民的共同奋斗实践，不断丰富和发展伟大建党精神，以伟大建党精神武装全党、教育人民，从而汇聚起实现中华民族伟大复兴的磅礴力量。

（摘编自《学习时报》2021 年 7 月 5 日）

祝灵君

中共中央党校（国家行政学院）党的建设教研部副主任、教授

王相坤：中国共产党人精神谱系的构建

—

习近平总书记在庆祝中国共产党成立100周年大会上，首次提出并精辟阐释了“坚持真理、坚守理想，践行初心、担当使命，不怕牺牲、英勇斗争，对党忠诚、不负人民”的伟大建党精神。

伟大建党精神是“中国共产党的精神之源”

伟大建党精神的提出和阐释，说明中国共产党对自身历史的认识达到了一个新高度。伟大建党精神是中国共产党人精神谱系的开篇，是“中国共产党的精神之源”，是贯穿中国共产党人精神谱系的一条红线，是对中国共产党的思想先进、信仰坚定、初衷不改、本色依旧、意志顽强、作风优良、品德高尚、情系人民的生动写照，是党强大的思想优势、政治优势、精神优势、道德优势的集中展现。它是中国共产党人的精神之源，展示了中国共产党人的精神之魂，深刻揭示了党的本质特征。

伟大建党精神引领锻造出一系列革命精神。事业从哪里开始，精神就从哪里产生。伟大建党精神虽然在今天作出正式概括，但是在100年前已经形成。作为中国共产党人精神的源头，它的形成不仅对革命事业的发展起到重大推动作用，而且对此后其他革命精神的形成产生着重要引领作用，它规范和影响着其他革命精神的形成和发展。自伟大建党精神诞生之后，经过百年不懈奋斗，中国共产党在革命、建设、改革的伟大实践中相继形成了一系列革命精神。这些精神，既是对伟大建党精神的弘扬，也是在新的历史条件下不断与时俱进的结果。

伟大建党精神推动中国共产党人精神谱系的构建。中国共产党正式提出“精神谱系”的概念，是 2021 年 2 月 20 日，习近平总书记在党史学习教育动员大会上的讲话中。习近平总书记指出：“在一百年的非凡奋斗历程中，一代又一代中国共产党人顽强拼搏、不懈奋斗，涌现了一大批视死如归的革命烈士、一大批顽强奋斗的英雄人物、一大批忘我奉献的先进模范，形成了井冈山精神、长征精神、遵义会议精神、延安精神、西柏坡精神、红岩精神、抗美援朝精神、‘两弹一星’精神、特区精神、抗洪精神、抗震救灾精神、抗疫精神等伟大精神，构筑起了中国共产党人的精神谱系。”由此可见，中国共产党人的精神谱系是指在中国共产党领导下形成的一切精神，既包括伟大建党精神，也包括随着形势的发展不断提出的新的革命精神。

从历史大视野来看待“精神谱系”

中国共产党在百年奋斗历程中形成了一系列革命精神，这些革命精神之间是一种什么关系？这就提出了构建中国共产党人精神谱系的命题，而精神谱系是一项庞大的系统工程。

党的十八大以来，以习近平同志为核心的党中央，不断加快概括提出革命精神的步伐，使我们党对中国共产党精神的研究进入一个新高潮。2013 年，习近平总书记访问刚果（布）期间，首次提炼总结出“不畏艰苦、甘于奉献、救死扶伤、大爱无疆”的中国医疗队精神。2014年，他高度概括了焦裕禄精神，指出，“亲民爱民、艰苦奋斗、科学求实、迎难而上、无私奉献的焦裕禄精神，过去是、现在是、将来仍然是我们党的宝贵精神财富”。2015年，他对延安精神作出新概括，提出：“老一辈革命家和老一代共产党人在延安时期留下的优良传统和作风，培育形成的以坚定正确的政治方向、解放思想实事求是的思想路线、全心全意为人民服务的根本宗旨、自力更生艰苦奋斗的创业精神为主要内容的延安精神，是我们党的宝贵精神财富。”2016年，他提出：“井冈山精神最重要的方面就是坚定信念、艰苦奋斗，实事求是、敢闯新路，依靠群众、勇于胜利。”2017年，他对河北塞罕坝林场建设者感人事迹作出重要指示，号召弘扬“牢记使命、艰苦创业、绿色发展的塞罕坝精神”。2018年，他在庆祝改革开放40周年大会上，将“改革开放精神”概括为“十个坚持”。2020年，他概括了伟大抗战精神，这就是：天下兴亡、匹夫有责的爱国情怀，视死如归、宁死不屈的民族气节，不畏强暴、血战到底的英雄气概，百折不挠、坚忍不拔的必胜信念。2021年，他在全国脱贫攻坚总结表彰大会上概括提出“上下同心、尽锐出战、精准务实、开拓创新、攻坚克难、不负人民”的脱贫攻坚精神。他还提出了生命至上、举国同心、舍生忘死、尊重科学、命运与共的伟大抗疫精神。

这些概括，极大地丰富了中国共产党人精神谱系的内涵，涵盖了中国共产党领导革命、建设、改革，治国理政的各个领域、各条战线、各个方面。

习近平总书记视野中的革命精神，具有鲜明的理想信念特质

习近平总书记所概括的井冈山精神、伟大长征精神、伟大建党精神第一条主要意思都是“坚定理想信念”。2012 年 11 月，习近平总书记在十八届中共中央政治局第一次集体学习时的讲话中指出：“坚定理想信念，坚守共产党人精神追求，始终是共产党人安身立命的根本。对马克思主义的信仰，对社会主义和共产主义的信念，是共产党人的政治灵魂，是共产党人经受住任何考验的精神支柱。”2016 年 7 月，他语重心长地告诫全党：“理想信念动摇是最危险的动摇，理想信念滑坡是最危险的滑坡。一个政党的衰落，往往从理想信念的丧失或缺失开始。我们党是否坚强有力，既要看全党在理想信念上是否坚定不移，更要看每一位党员在理想信念上是否坚定不移。”2018 年 12 月 18 日，他在庆祝改革开放 40 周年大会上的讲话中指出：“信仰、信念、信心，任何时候都至关重要。小到一个人、一个集体，大到一个政党、一个民族、一个国家，只要有信仰、信念、信心，就会愈挫愈奋、愈战愈勇，否则就会不战自败、不打自垮。”2020 年 9 月 18 日，他在湖南考察工作结束时的讲话中指出：“革命战争年代，共产党人随时面临生死考验，支撑他们视死如归、革命到底的是坚定理想信念。”他还指出：“革命理想高于天。理想信念之火一经点燃，就永远不会熄灭。”“长征的胜利，是中国共产党人理想的胜利，是中国共产党人信念的胜利。”“长征路上的苦难、曲折、死亡，检验了中国共产党人的理想信念，向世人证明了中国共产党人的理想信念是坚不可摧的。”“长征胜利启示我们：心中有信仰，脚下有力量；没有牢不可破的理想信念，没有崇高理想信念的有力支撑，要取得长征胜利是不可想象的。”

习近平总书记视野中的革命精神，具有强烈的民族担当和爱国情感

习近平总书记把为中国人民谋幸福、为中华民族谋复兴的初心和使命，作为伟大建党精神的内核，强调这是激励中国共产党人不断前进的根本动力；他概括的伟大抗战精神首先强调了“天下兴亡、匹夫有责的爱国情怀，视死如归、宁死不屈的民族气节，不畏强暴、血战到底的英雄气概”；他概括的伟大长征精神，首先强调“伟大长征精神，就是把全国人民和中华民族的根本利益看得高于一切，坚定革命的理想和信念，坚信正义事业必然胜利的精神”。习近平总书记指出：“我们生而为中国人，最根本的是我们有中国人的独特精神世界，有百姓日用而不觉的价值观。”“在中华民族几千年绵延发展的历史长河中，爱国主义始终是激昂的主旋律，始终是激励我国各族人民自强不息的强大力量。”

习近平总书记视野中的革命精神，具有高尚道德标识

习近平总书记概括的伟大建党精神强调要“对党忠诚、不负人民”；他概括的伟大抗疫精神强调“生命至上、举国同心、舍生忘死、尊重科学、命运与共”。他指出，我们既要学习雷锋的精神，也要学习雷锋的做法，把崇高理想信念和道德品质追求转化为具体行动，体现在平凡的工作生活中，作出自己应有的贡献。在处理国际关系上，他主张“和为贵”“和而不同”；在人与国家和民族的关系上，他主张“天下兴亡、匹夫有责”；在人与人之间关系上，他主张“君子喻于义”“仁者爱人”“德不孤，必有邻”“出入相友，守望相助”；在党员干部与社会的关系

上，他要求执政为民、尽心尽责。

习近平总书记视野中的革命精神，体现出坚强的意志品质

在习近平总书记概括的伟大长征精神、抗战精神、太行精神、老区精神、吕梁精神中，都体现了坚韧不拔、自强不息的思想；在他概括的伟大抗美援朝精神、王杰精神、伟大抗疫精神中，都体现了不怕牺牲、舍生忘死的思想；在他概括的伟大抗战精神中，体现了不畏强暴、敢于斗争的思想；在他概括的右玉精神、两路精神、中国医疗队精神中，都体现了不怕困难、迎难而上的思想；在他概括的中国女排精神、照金精神中，都体现了顽强拼搏、永不言败的思想；在他概括的伟大抗疫精神、红岩精神中，都体现了团结一致、众志成城的思想等。

习近平总书记视野中的革命精神，体现出顽强的进取精神

在习近平总书记概括的伟大建党精神中，强调要“不怕牺牲、英勇斗争”。习近平总书记反复引用古人“富贵不能淫，贫贱不能移，威武不能屈”“人生自古谁无死，留取丹心照汗青”等名句，激励党和人民发扬“冲锋在前、勇挑重担、关键时刻站得出、危难之际豁得出的英雄气概”，保持浩然正气，发扬奉献精神。习近平总书记指出：“自强不息、厚德载物的思想，支撑着中华民族生生不息、薪火相传，今天依然是我们推进改革开放和社会主义现代化建设的强大精神力量。”

总之，100 年来，一代代中国共产党人弘扬伟大建党精神，在不懈奋斗中构建起中国共产党人的精神谱系，为立党兴党强党提供了丰厚滋

养。深入学习贯彻习近平总书记重要讲话精神，大力弘扬伟大建党精神，不断丰富和发展中国共产党人的精神谱系，必将为推进党的建设新的伟大工程、全面建设社会主义现代化国家、实现中华民族伟大复兴提供强大精神动力。

（摘编自《北京日报》2021 年 7 月 26 日）

王相坤

中央党史和文献研究院科研规划部副主任、一级巡视员，中国中共党史人物研究会秘书长

沈传亮：牢牢把握伟大建党精神的鲜明特质

习近平总书记在庆祝中国共产党成立100周年大会上的重要讲话中明确指出，“一百年前，中国共产党的先驱们创建了中国共产党，形成了坚持真理、坚守理想，践行初心、担当使命，不怕牺牲、英勇斗争，对党忠诚、不负人民的伟大建党精神”。对伟大建党精神的概括和提炼，在我们党的百年历史上是第一次，具有重要的历史意义、理论意义和现实意义。

伟大建党精神集中体现了党的初心使命、理想信念、根本宗旨、优良作风，具有鲜明的时代性、开创性、源头性、先进性和人民性。牢牢把握伟大建党精神的鲜明特质，有助于深刻理解伟大建党精神的丰富内涵，有助于深刻理解我们过去为什么能够成功、更加明晰未来怎样才能继续成功，能够为实现中华民族伟大复兴提供有力精神支撑。

独特的时代性

伟大建党精神是在近代以来中国迫切需要新思想、新组织的背景下形成的，具有独特的时代性。中华民族有着5000多年源远流长的文明历史，为人类社会发展作出了不可磨灭的贡献。1840 年鸦片战争以后，中国逐步成为半殖民地半封建社会，国家蒙辱、人民蒙难、文明蒙尘，中华民族遭受了前所未有的劫难。为拯救民族危亡，中国人民奋起反抗，仁人志士奔走呐喊，太平天国运动、戊戌变法、义和团运动、辛亥革命接连而起，各种救国方案轮番出台，但都以失败而告终。在中国呼唤新思想引领救亡运动、呼唤新组织凝聚革命力量的时代背景下，十月革命一声炮响，给中国送来了马克思列宁主义，为中国先进分子所青睐。在中国人民和中华民族的伟大觉醒中，在马克思列宁主义同中国工人运动紧密结合中，中国共产党应运而生。伟大建党精神，也在这种时代大潮和世界大势中孕育而生。

鲜明的开创性

伟大建党精神是在创建中国共产党过程中形成的，具有鲜明的开创性。1921 年 7 月，中国的少数先进分子在上海法租界召开党的第一次全国代表大会，后因会场受到暗探注意和法租界巡捕搜查，转移至浙江嘉兴南湖的游船上。这次会议通过了中国共产党第一个纲领。1922 年 7 月又召开党的二大，揭示出中国社会的半殖民地半封建性质，并制定了第一部党章。这一艰难的过程，见证了中国共产党人为改变国家和民族的前途命运而进行的苦苦求索，见证了中国共产党人为了人民解放事业而付出的巨大牺牲，见证了中国共产党人在白色恐怖下的无畏前行。伟大建党实践孕育了伟大建党精神。伟大建党精神反映了党的创建的历史过程，具有开天辟地的创造性特征。

深厚的源头性

伟大建党精神是中国共产党人精神谱系的伟大开篇，具有深厚的源头性。树高千尺必有根，河流万里必有源。伟大建党精神是中国共产党在奋斗征程上形成的一系列精神的源头、源泉。在100年的非凡奋斗历程中，一代又一代中国共产党人顽强拼搏、不懈奋斗，涌现了一大批视死如归的革命烈士、一大批顽强奋斗的英雄人物、一大批忘我奉献的先进模范，形成了井冈山精神、长征精神、遵义会议精神、延安精神、西柏坡精神、红岩精神、抗美援朝精神、“两弹一星”精神、特区精神、抗洪精神、抗震救灾精神、抗疫精神等伟大精神，构筑起了中国共产党人的精神谱系。在这个精神谱系中，无论是革命年代形成的，还是在社会主义革命和建设时期形成的，无论是改革开放新时期形成的，还是新时代形成的，这些伟大精神无不体现了伟大建党精神的核心要义。在党的精神谱系中，伟大建党精神贯穿始终，并与精神谱系中的其他伟大精神紧密相关。

持续的先进性

伟大建党精神是中国共产党这一先进政党的精神家园，具有持续的先进性。中国共产党是拥有科学理论指导，有着远大理想、严密组织、严明纪律，有着光荣传统和优良作风，敢于自我革命的无产阶级政党。作为党的指导思想的马克思主义，创造性地揭示了人类社会发展规律，是科学的理论。这一理论，“犹如壮丽的日出，照亮了人类探索历史规律和寻求自身解放的道路”。正是在马克思主义的指导下，中国共产党才能顺应历史潮流、把握历史主动，始终站在历史正确的一边，代表历史前进的方向。伟大建党精神恰恰就是中国共产党先进性的精神表达和文化呈现。正是由于我们党是具有持续先进性的政党，才孕育出伟大建党精神，才有能力深刻改变近代以后中华民族发展的方向和进程，深刻改变中国人民和中华民族的前途和命运，深刻改变世界发展的趋势和格局。

鲜明的人民性

伟大建党精神是深厚人民情怀的集中呈现，具有鲜明的人民性。中国共产党人深刻认识到：江山就是人民，人民就是江山；人民是历史的创造者；人民是党生存发展、长期执政的最大底气。理论上清醒，政治上才能坚定。因此，我们党始终代表最广大人民的根本利益，与人民休戚与共、生死相依，没有任何自己特殊的利益，从来不代表任何利益集团、任何权势团体、任何特权阶层的利益。这种大公无私的人民性，源自党的性质、宗旨，源自党的初心、使命。在伟大建党精神中，坚守理想就是要实现共产主义，践行初心就是要为人民谋幸福，不负人民就是要兑现自己的承诺，让人民过上好日子，不断满足人民对美好生活的需要。

历史川流不息，精神代代相传。在全面建设社会主义现代化国家新征程上，我们要继续丰富党的精神谱系，弘扬光荣传统，赓续红色血脉，永远把伟大建党精神继承下去、发扬光大。

（摘编自《经济日报》2021 年 7 月 12 日）

沈传亮

中共中央党校（国家行政学院）研究室副主任

熊若愚：永远继承和发扬伟大建党精神

——

在庆祝中国共产党成立100周年大会上，习近平总书记发表重要讲话，第一次鲜明阐释了伟大建党精神的丰富内涵和时代价值。伟大建党精神，是中国共产党的精神之源。100年来，中国共产党弘扬“坚持真理、坚守理想，践行初心、担当使命，不怕牺牲、英勇斗争，对党忠诚、不负人民”的伟大建党精神，团结带领中国人民开辟伟大道路、创造伟大事业、取得伟大成就，书写了中华民族几千年历史上最恢宏的史诗，向历史和人民交出了一份优异的答卷。现在，我们党团结带领中国人民踏上了实现第二个百年奋斗目标新的赶考之路。在新征程上，我们必须继续弘扬光荣传统、赓续红色血脉，永远继承和发扬伟大建党精神。

继承和发扬伟大建党精神必须坚持真理、坚守理想

十月革命一声炮响，给中国送来了马克思列宁主义。马克思主义是我们立党立国的根本指导思想，是我们党的灵魂和旗帜。马克思主义是为了改变人民历史命运而创立的科学理论，揭示了人类社会发展的一般规律，描绘了建立共产主义社会的光明图景，为人民指明了实现自由和解放的人间正道。100年来，我们党坚持马克思主义基本原理，不断推

进马克思主义中国化时代化，创立了毛泽东思想、邓小平理论，形成了“三个代表”重要思想、科学发展观，创立了习近平新时代中国特色社会主义思想，指导中国人民不断推进伟大社会革命，不断取得新的伟大成就。100 年来，我们党将马克思主义基本原理和中国革命具体实践紧密结合起来，将信仰伟力转化为实践伟力，领导人民创造了无数人间奇迹：团结带领中国人民，浴血奋战、百折不挠，创造了新民主主义革命的伟大成就；团结带领中国人民，自力更生、发愤图强，创造了社会主义革命和建设的伟大成就；团结带领中国人民，解放思想、锐意进取，创造了改革开放和社会主义现代化建设的伟大成就；团结带领中国人民，自信自强、守正创新，统揽伟大斗争、伟大工程、伟大事业、伟大梦想，创造了新时代中国特色社会主义的伟大成就。

在新征程上，弘扬伟大建党精神，必须坚持真理、坚守理想，坚持马克思主义指导地位，坚持用马克思主义观察时代、把握时代、引领时代，不断用当代中国马克思主义、21 世纪马克思主义武装头脑、指导实践、推动工作。作为党员干部，必须坚定理想信念，增强“四个意识”、坚定“四个自信”、做到“两个维护”，在思想上政治上行动上同以习近平同志为核心的党中央保持高度一致，为实现中华民族伟大复兴的中国梦不懈奋斗。

继承和发扬伟大建党精神必须践行初心、担当使命

中国共产党从成立之日起，就把为中国人民谋幸福作为自己的初心，把为中华民族谋复兴作为自己的使命。100 年来，中国共产党团结带领中国人民进行的一切奋斗，归结起来都是为了让人民过上幸福生

活，为了让民族实现伟大复兴。100 年来，党领导人民推翻帝国主义、封建主义、官僚资本主义三座大山，建立了人民当家作主的中华人民共和国，实现了民族独立、人民解放，为实现中华民族伟大复兴创造了根本社会条件；党领导人民进行社会主义革命，确立社会主义基本制度，推进社会主义建设，为实现中华民族伟大复兴奠定了根本政治前提和制度基础；党领导人民坚定不移推进改革开放，实现了从生产力相对落后的状况到经济总量跃居世界第二的历史性突破，为实现中华民族伟大复兴提供了充满新的活力的体制保证和快速发展的物质条件；党领导人民战胜一系列重大风险挑战，全面建成小康社会，实现第一个百年奋斗目标，为实现中华民族伟大复兴提供了更为完善的制度保证、更为坚实的物质基础、更为主动的精神力量。历史已经充分证明，中国特色社会主义是党和人民历经千辛万苦、付出巨大代价取得的根本成就，是实现中华民族伟大复兴的正确道路。

在新征程上，弘扬伟大建党精神，必须践行初心、担当使命，立足新发展阶段，贯彻新发展理念，构建新发展格局，推动高质量发展，奋力实现全面建成社会主义现代化强国的历史宏愿，奋力实现中华民族伟大复兴的中国梦；必须坚持以百姓心为心，深入了解人民群众的意见和诉求，尊重人民群众的意愿，尊重人民群众的伟大创造，切实解决群众急难愁盼问题，不断提高人民群众的获得感幸福感安全感。

继承和发扬伟大建党精神必须不怕牺牲、英勇斗争

敢于斗争、敢于胜利，是中国共产党不可战胜的强大精神力量。在革命战争年代，我们党领导人民以武装的革命反对武装的反革命，几

百万共产党人献出了宝贵的生命，经过艰苦卓绝的北伐战争、土地革命战争、抗日战争、解放战争，彻底结束了旧中国半殖民地半封建社会的历史，彻底废除了列强强加给中国的不平等条约和帝国主义在中国的一切特权，中华民族以崭新的面貌屹立在东方大地上。中华人民共和国成立后，我们党领导人民发扬“为有牺牲多壮志，敢教日月换新天”的英雄主义精神，战胜帝国主义、霸权主义的颠覆破坏和武装挑衅，战胜来自各方面的风险挑战，开创、坚持、捍卫、发展中国特色社会主义，中华民族迎来了从站起来、富起来到强起来的伟大飞跃，实现中华民族伟大复兴进入了不可逆转的历史进程。

在新征程上，弘扬伟大建党精神，必须不怕牺牲、英勇斗争，强化政治担当，涵养政治定力，恪守政治规矩，增强忧患意识、始终居安思危，深刻认识我国社会主要矛盾变化带来的新特征新要求，深刻认识错综复杂的国际环境带来的新矛盾新挑战，在伟大斗争中经风雨见世面，在火热实践中长才干壮筋骨，切实担负起党和人民赋予的光荣使命。必须勇于直面矛盾，坚持把解决突出矛盾和问题作为打开工作局面的突破口，敢于迎难而上，遇到紧急情况时果断决策，遇到大灾大难时靠前指挥，遇到突发事件时及时稳控局面，真正成为带领人民群众战风险渡难关的主心骨，用攻坚克难的实际成效诠释对党和人民的赤诚。必须全面贯彻习近平强军思想，贯彻新时代军事战略方针，努力把人民军队建设成为世界一流军队，坚决捍卫我们党百年奋斗的伟大成果，坚决反对霸权主义和强权政治，把中国发展进步的命运牢牢掌握在自己手中。

继承和发扬伟大建党精神必须对党忠诚、不负人民

江山就是人民、人民就是江山。中华民族素来崇尚忠诚，中国共产党人最讲忠诚。100 年来，无数共产党人牢记对党忠诚、永不叛党的誓言，始终把人民放在心中最高位置，始终对党忠诚、对人民忠诚。我们党的创始人李大钊在反动军阀的绞刑架下英勇就义，用鲜血和生命生动诠释了共产党人对忠诚的理解和坚守。在革命战争年代，方志敏同志说，敌人只能砍下我们的头颅，决不能动摇我们的信仰。江竹筠同志说，竹签子是竹子做的，共产党员的意志是钢铁。这些掷地有声的誓言，体现了共产党人对党和人民事业的忠贞之心。在和平年代，共产党人的忠诚同样需要接受生与死的考验。在伟大的脱贫攻坚战中，数以百万计的共产党人日夜奋战在打赢脱贫攻坚战的第一线，1800 多位共产党人为了不负人民献出了宝贵的生命。经过全党全国各族人民持续奋斗，我们在中华大地上全面建成了小康社会。中国共产党没有辜负人民的重托，让中国人民前所未有地过上了全面小康的幸福生活。

在新征程上，弘扬伟大建党精神，必须对党忠诚、不负人民，必须牢记初心使命，坚定理想信念，践行党的宗旨，永远保持同人民群众的血肉联系，始终同人民想在一起、干在一起，和人民群众一起奋斗，共同创造新的历史伟业和幸福美好的生活。必须紧紧依靠人民创造历史，坚持全心全意为人民服务的根本宗旨，站稳人民立场，尊重人民首创精神，践行以人民为中心的发展思想，着力解决发展不平衡不充分问题和人民群众急难愁盼问题，推动全体人民共同富裕取得更为明显的实质性进展。必须牢记打铁必须自身硬的道理，始终坚持党要管党、全面从严治党，勇于自我革命，不断严密党的组织体系，不断增强先进性和

纯洁性，确保党始终走在时代前列，始终成为中国人民和中华民族的主心骨。

（摘编自《成都日报》2021 年 7 月 7 日）

熊若愚

中共中央党校（国家行政学院）报刊社副总编辑

何虎生：伟大建党精神的深刻内涵与时代意蕴

—

习近平总书记在庆祝中国共产党成立100周年大会上，首次提出并概括了伟大建党精神："一百年前，中国共产党的先驱们创建了中国共产党，形成了坚持真理、坚守理想，践行初心、担当使命，不怕牺牲、英勇斗争，对党忠诚、不负人民的伟大建党精神，这是中国共产党的精神之源。"当今中国正处于实现中华民族伟大复兴关键时期，国家强盛、民族复兴需要物质文明的积累，更需要精神文明的升华。我们要继续弘扬光荣传统、赓续红色血脉，永远把伟大建党精神继承下去、发扬光大！

坚持真理、坚守理想是伟大建党精神的基石和根本

坚持真理、坚守理想是中国共产党伟大建党精神的基石和根本。马克思主义真理是共产党理想信念的灵魂，理想信念是共产党的精神支柱和政治灵魂。坚定的理想信念，必须建立在对马克思主义真理的深刻理解和准确把握之上。要不断用真理武装头脑、坚定信仰，把为崇高理想奋斗的伟大实践推向前进。

中国共产党是用马克思主义武装起来的政党，共产党的真理就是马

克思主义。习近平总书记指出，“马克思主义基本原理是普遍真理，具有永恒的思想价值”。马克思主义是党和人民事业不断发展的参天大树之根本，是我们党和人民不断奋进的万里长河之泉源。马克思主义并没有结束真理，而是开辟了通向真理的道路。百年来，共产党人始终坚持以科学的态度对待科学，以真理的精神追求真理，坚持把马克思主义基本原理与中国具体实际相结合、同中华优秀传统文化相结合，不断推进马克思主义中国化时代化，形成了系列理论创新成果，发展了当代中国马克思主义、21 世纪马克思主义。

100 多年前，十月革命一声炮响，给中国送来了马克思列宁主义。从此，追求真理、信仰真理、捍卫真理贯穿中国共产党的奋斗历程。李大钊同志为实现“求达于真理”的理想，从容慷慨就义；毛泽东同志“为了寻求救国救民的真理而奔波”，毅然选择“走到了马克思主义的大路上”；刘少奇同志坚信马克思主义“确实是真理，确能救中国”，义无反顾加入中国共产党；夏明翰同志只要马克思“主义真”，砍头也“不要紧”……一代又一代的共产党人前仆后继，用青春、热血和生命将马克思主义真理践行于中华民族伟大复兴的征途。

100 年后的今天，中华民族正以势不可当的步伐迈向伟大复兴，马克思主义依然显示出科学思想伟力和强大生命活力，依然占据着真理和道义的制高点。如果要问中国共产党为什么能，中国特色社会主义为什么好，归根到底是因为马克思主义行！必须坚持以马克思主义为指导，解决真懂真信问题，真正做到虔诚而执着、至信而深厚。用马克思主义观察时代、把握时代、引领时代，让当代中国马克思主义放射出更加灿烂的真理光芒，让习近平新时代中国特色社会主义思想引领中华民族复兴的航向。

中国共产党之所以叫共产党，就是因为从成立之日起就坚持把为共产主义、社会主义而奋斗确定为自己的纲领，始终坚持把实现共产主义和中国特色社会主义作为自己的远大理想和共同理想。共产主义远大理想和中国特色社会主义共同理想之间是辩证统一的，不能脱离共同理想而空谈远大理想，也不能因为实现共产主义曲折漫长就讳言甚至丢掉远大理想。

革命理想高于天。不论是严酷的战争环境，还是艰苦的建设时期，抑或是和平改革开放时期，共产党人始终接力奋斗、积极探索，不断向着理想努力前行。面对白色恐怖，革命前辈红船建党，完成了开天辟地的壮举；面对围追堵截，红军队伍绝境重生，创造了难以置信的奇迹；面对艰难困苦，延安干部身先士卒，走上了自力更生的道路；面对重重封锁，石油工人顽强拼搏，传唱了“大庆精神”的佳话；面对脱贫攻坚，党员干部身先士卒，缔造了举世瞩目的成就。百年来，共产党人以一个又一个的胜利，践行着崇高的理想信念，为我们在新时代继续实现中华民族伟大复兴开辟了道路、树立了榜样。

理想指引人生方向，信念决定事业成败。历史和现实证明，一个拥有理想信念的政党，将更加坚强有力、无坚不摧、无往不胜；一个拥有理想信念的共产党人，将更加让党和人民信得过、靠得住、能放心。在实现第二个百年奋斗目标的新征程中，要把理想信念的火种、红色传统的基因一代代传下去，用共同理想补足精神之“钙”、用共同理想凝聚民族意志，在知行合一、言行一致中，坚持和发展中国特色社会主义，为实现共产主义远大理想而努力奋斗。

践行初心、担当使命是贯穿党百年奋斗史的一条红线

我们党的百年历史，就是一部践行初心、担当使命的历史。牢记和践行为中国人民谋幸福、为中华民族谋复兴的初心使命，是贯穿我们党百年奋斗史的一条红线。不忘初心方能行稳致远，牢记使命才能开辟未来。党的初心和使命是党的性质宗旨、理想信念、奋斗目标的集中体现，激励着我们党永远坚守，砥砺着我们党坚毅前行。

习近平总书记指出，中国共产党人的初心和使命，就是为中国人民谋幸福，为中华民族谋复兴。我们党的初心，就是对人民的赤子之心。践行初心，就是要牢记全心全意为人民服务的根本宗旨，永远保持同人民群众的血肉联系，始终同人民想在一起、干在一起，风雨同舟、同甘共苦，努力为人民创造更美好、更幸福的生活。

100年来，从石库门到天安门，从兴业路到复兴路，不管形势和任务如何变化，不管遇到什么样的惊涛骇浪，中国共产党都初心如磐、始终如一，团结带领中国人民为救国、兴国、富国、强国不懈奋斗，完成新民主主义革命，成立中华人民共和国，实现了民族独立、人民解放，中国人民从此站起来了，创造了新民主主义革命的伟大成就；进行社会主义革命，确立社会主义基本制度，推进社会主义建设，建设了一个新世界，创造了社会主义革命和建设的伟大成就；坚定不移推进改革开放，开创、坚持、捍卫、发展中国特色社会主义，使中国大踏步赶上了时代，创造了改革开放和社会主义现代化建设的伟大成就；统揽伟大斗争、伟大工程、伟大事业、伟大梦想，实现第一个百年奋斗目标，全面建成了小康社会，历史性地解决了绝对贫困问题，明确实现第二个百年奋斗目标的战略安排，使实现中华民族伟大复兴进入不可逆转的历史进

程，创造了新时代中国特色社会主义的伟大成就。

回首过去，正是由于矢志践行初心，我们党才能团结带领人民开辟伟大道路、建立伟大功业、铸就伟大精神、积累宝贵经验，写下中华民族发展史、人类社会进步史上的壮丽篇章，向人民、向历史交出了一份优异的答卷；展望未来，我们必须永葆初心，与人民心连心、同呼吸、共命运，继续为实现人民对美好生活的向往不懈努力，走好新时代实现第二个百年奋斗目标新的赶考之路。

实现中华民族伟大复兴是近代以来中华民族最伟大的梦想。我们党从诞生之日起，就义无反顾肩负起实现中华民族伟大复兴的历史使命，以“为有牺牲多壮志，敢教日月换新天”的奋斗精神，团结带领人民进行艰苦卓绝的斗争，结束了列强入侵、战火频仍、山河破碎、生灵涂炭的历史，开辟了中国特色社会主义伟大道路，创造了经济社会快速发展的奇迹，谱写了气吞山河的壮丽史诗。

一代人有一代人的责任，一代人有一代人的使命。虽然我们已走过万水千山，但仍需要不断跋山涉水。当今世界正经历百年未有之大变局，中华民族伟大复兴正处于关键时期，牢记使命、敢于担当，以史为鉴、开创未来，必须坚持中国共产党坚强领导，充分发挥党总揽全局、协调各方的领导核心作用；必须团结带领中国人民不断为美好生活而奋斗，推动人的全面发展、全体人民共同富裕取得更为明显的实质性进展；必须继续推进马克思主义中国化，用马克思主义观察时代、把握时代、引领时代，发展当代中国马克思主义、21 世纪马克思主义；必须坚持和发展中国特色社会主义，走中国式现代化新道路；必须加快国防和军队现代化，以更强大的能力、更可靠的手段捍卫国家主权、安全、发展利益；必须不断推动构建人类命运共同体，始终做世界和平的建设者、全球发展的贡献者、国际秩序的维护者；必须进行具有许多新的历史特点的伟大斗争，勇于战胜一切风险挑战；必须加强中华儿女大团结，汇聚起实现民族复兴的磅礴力量；必须不断推进党的建设新的伟大工程，确保党始终走在时代前列，成为全国人民的主心骨。

在新时代全面建设社会主义现代化国家的新征程上，必须勇于担当使命，统揽伟大斗争、伟大工程、伟大事业、伟大梦想，以永不懈怠的精神状态、一往无前的奋斗姿态，锐意进取、开拓创新，真抓实干、埋头苦干，不懈奋斗、永远奋斗，向着实现第二个百年奋斗目标、实现中华民族伟大复兴的中国梦奋勇前进，铸就新的历史伟业。

不怕牺牲、英勇斗争是党精神谱系的鲜红底色和革命内核

世界上没有哪个党像我们这样，遭遇过如此多的艰难险阻，经历过如此多的生死考验，付出过如此多的惨烈牺牲。100 年来，在应对各种困难挑战中，我们党锤炼了不畏强敌、不惧牺牲、敢于斗争、勇于胜利的风骨，这是我们党最鲜明的特质和特点。

不怕牺牲精神，是指中国共产党直面困难，团结带领人民以“为有牺牲多壮志”的大无畏气概，许党报国、履职尽责，不畏艰险、敢于牺牲，苦干实干、不屈不挠的政治品格。随时准备为党和人民事业奉献自己的一切乃至宝贵生命，是每一名党员许下的铮铮誓言。“关键时刻冲得上去、危难关头豁得出来，才是真正的共产党人。”每当危难时刻总有英雄挺身而出，是中华民族伟大精神的真实写照。

中国共产党缔造并弘扬不怕牺牲精神，奠定了精神谱系的鲜红底色。中国共产党自诞生之日起，就立志于为实现中华民族伟大复兴前仆

后继、浴血奋战。党成立后不久即遭遇大革命失败，30 多万优秀中华儿女倒在了反革命的血雨腥风中。从反抗国民党反动派的赶尽杀绝到痛击日本军国主义者的侵略铁蹄；从摧枯拉朽的解放战争到打败霸权主义的武装挑衅；从坚决捍卫国家主权、安全、领土完整的英勇斗争，到抢险救灾、保卫人民生命财产安全的顽强拼搏；从支援国家经济社会建设的无私奉献，到维护地区和世界和平的实际行动，党带领人民不畏强暴、不怕牺牲，以武装的革命反对武装的反革命，不论付出多么巨大的牺牲，都从未动摇保卫人民、光复河山的决心。百年来，每一位视死如归的革命烈士、舍生忘死的英雄模范、向死而生的仁人志士，都代表着我们党走过的艰难历程，汇聚成我们党的红色血脉，熔铸成坚不可摧的钢铁长城。

实现伟大梦想，必须弘扬光荣革命传统、赓续共产党人的红色血脉。正是因为鸦片战争以后中国人民不懈抗争和持续奋斗，正是因为先辈们浴血奋斗和英勇牺牲，我们的国家才有了今天的独立自主，我们的民族才有了今天的发展繁荣，我们的人民才有了今天的幸福生活。新的征程上，我们必须继续发扬党的不怕牺牲精神，决不能丢掉革命加拼命的精神，决不能丢掉谦虚谨慎、戒骄戒躁、艰苦奋斗、勤俭节约的传统，决不能丢掉不畏强敌、不惧风险、敢于斗争、敢于胜利的勇气。

英勇斗争精神，是指中国共产党直面矛盾，团结带领人民保持“敢教日月换新天”的昂扬斗志，埋头苦干、攻坚克难，敢于斗争、善于斗争，敢于胜利、夺取胜利的政治本色。中国共产党始终是中国人民为争取民族独立和人民解放、实现国家富强和人民幸福进行英勇斗争的主心骨，党领导的人民军队始终是为保卫红色江山、维护民族尊严进行英勇斗争的坚强柱石。

中国共产党缔造并弘扬英勇斗争精神，铸牢了精神谱系的革命内核。鸦片战争后，国家蒙辱、人民蒙难、文明蒙尘。在推翻帝国主义、封建主义、官僚资本主义的斗争中，中国共产党开天辟地、敢为人先地应运而生。从农村包围城市、武装夺取政权的井冈山斗争，到宜将剩勇追穷寇、将革命进行到底的解放战争；从破坏一个旧世界、建设一个新世界的社会制度变革，到拼命拿下大油田、誓把河山重安排的社会主义建设；从推进改革开放、开创中国特色社会主义的伟大转折，到敢闯敢试开放特区、自主创新载人航天的与时俱进；从打赢脱贫攻坚、奋战疫情防控的人民战争，到坚持党要管党、全面从严治党的自我革命……百年来，中国共产党始终敢于斗争、敢于胜利，以党的自我革命引领伟大社会革命，锻造着不可战胜的强大精神力量。

实现伟大梦想，必须进行具有许多新的历史特点的伟大斗争。社会是在矛盾运动中前进的，有矛盾就会有斗争。今天，我们比历史上任何时期都更接近、更有信心和能力实现中华民族伟大复兴的目标，同时必须准备付出更为艰巨、更为艰苦的努力。新的征程上，我们必须继续发扬党的英勇斗争精神，增强忧患意识、强化底线思维、始终居安思危，贯彻总体国家安全观，深刻认识新形势下的新矛盾新挑战，不断增强斗争意识、丰富斗争经验、提升斗争本领，敢于斗争、善于斗争，逢山开道、遇水架桥，勇于战胜一切风险挑战。

对党忠诚、不负人民是共产党人的首要政治品质和鲜明本色

百年来，中国共产党人坚韧执着理想信念，矢志不渝地坚守对党和人民的赤胆忠心，秉承对党和人民的忠诚和热爱，在不懈奋斗、不怕牺

牲、勇于创造中推进实现中华民族伟大复兴的伟大事业，建立了无愧于党、无愧于人民、无愧于时代的功勋，集中体现了党的坚定信念，锤炼出忠诚干净担当的政治品格。

百年风雨兼程，百年历久弥坚。对党忠诚、永不叛党，是写入党章中入党誓词的基本要求之一，是党的性质宗旨的内在之义。作为共产党人首要的政治品质，对党忠诚体现为忠于党和党的事业，忠于党的信仰、党组织、党的理论和路线方针政策。“忠诚”二字发自内心，落于行动，经受考验，不是抽象的而是具体的，不是有条件的而是无条件的，要求对党一心一意、一以贯之、表里如一、知行合一，任何时候任何情况下都不改其心、不移其志、不毁其节。

我们党一路走来，从一个胜利走向另一个胜利，靠的就是千千万万党员的忠诚。对党忠诚的誓言铸就于风雨如晦的幽暗年代，淬炼于苦难辉煌的峥嵘岁月。100年前上海法租界望志路106号，中国大地上秘密燃起点点革命星火，忠诚是守护新生的党的生命的底线，保证了一个50多人的小党能够发展壮大为9500多万人的百年大党。在殊死搏斗、呕心沥血的革命、建设、改革中，共产党人“能舍弃一切，但是不能舍弃党，舍弃阶级，舍弃革命事业”“为党的事业贡献出自己的一切”“把党的声誉看得很重，把共产党员这个称号看得很重”。无数对党忠诚的党员战士在不同历史时期的实践中凝聚和发展了伟大建党精神，始终保持党的先进性和纯洁性，使全党淬炼成“一块坚硬的钢铁”。

新起点上，实现中华民族伟大复兴进入不可逆转的历史进程。中国共产党要始终做时代之先锋、民族之脊梁，就需要每一个共产党员过好“政治关”，把许党报国、履职尽责作为人生目标，以实际行动为党分忧、诠释对党的忠诚。铁心跟党走，九死而不悔。党员同志要将伟大建党精神内化于心、外化于行，不断强化党的意识，牢记第一职责是为党工作，任何时候都始终发自内心、坚定不移地在政治立场、政治方向、政治原则、政治道路上同党中央保持高度一致。

党为人民而生，因人民而兴。我将无我、不负人民，体现了马克思主义政党的鲜明本色，是中国共产党初心使命、为民情怀的深切映照。中国共产党在建党之初就代表最广大人民根本利益，立志做人民的先锋队，与人民休戚与共、生死相依，对人民饱含深情。不负人民是中国共产党人的基因、立场、公德、传统。共产党人要始终同人民风雨同舟，勇于担当、积极作为，切实把造福人民作为最根本的职责，不负人民信任，不负人民依靠，不负人民支持，不负人民期待。

百年党史充分证明，江山就是人民，人民就是江山。在 100 年的奋斗历程中，中国共产党人以实际行动积淀并诠释了“我将无我、不负人民”的情怀。人民蒙难，党以马克思主义引领救亡运动，凝聚革命力量，打土豪、分田地，建立了人民民主专政的新生政权，实现了人民翻身解放、当家作主。为实现人民幸福，党着力改善人民生活，全面建成小康社会，历史性地解决了绝对贫困问题，建成了世界上规模最大的社会保障体系，使亿万人民温饱无虞，并步履不停地向着促进人的全面发展、全体人民共同富裕的目标迈进。

新征程上，中国共产党人必须坚持人民立场、人民至上，坚持不懈地为人民办实事做好事。党与人民有福同享、有难同当，有盐同咸、无盐同淡。党员同志必须以党的精神之源滋养自己，以党百年形成的伟大精神砥砺自己，一以贯之坚持全心全意为人民服务的根本宗旨，想群众之所想，急群众之所急，解群众之所难，着力解决发展不平衡不充分问题和人民群众急难愁盼问题，保持同人民群众的血肉联系，贯彻以人民为中心的发展思想，全心全意为百姓造福，为实现人民对美好生活的追求不懈奋斗，为伟大、光荣、英雄的中国人民奋勇向前。

（摘编自《四川日报》2021 年 7 月 5 日）

何虎生

中国人民大学中共党史党建研究院副院长、习近平新时代中国特色社会主义思想研究院研究员

路克利、曲政：伟大建党精神的鲜明特征和时代价值

习近平总书记在庆祝中国共产党成立100周年大会上，深刻诠释了以“坚持真理、坚守理想，践行初心、担当使命，不怕牺牲、英勇斗争，对党忠诚、不负人民”为内涵的伟大建党精神，鲜明指出“这是中国共产党的精神之源”。伟大建党精神体现在中国共产党的所有奋斗之中，要弘扬伟大建党精神，赓续红色血脉。

深刻理解伟大建党精神的鲜明特征

担当性是伟大建党精神的鲜亮底色。中国共产党诞生前，帝国主义列强持续侵略中国，中华大地陷入了一盘散沙、生灵涂炭的状态之中。一大召开时，中国共产党一方面面临着复杂严峻的革命形势，另一方面肩负着全民族救亡图存的历史重任。中国共产党的先驱们坚定理想信念，以大无畏精神创立了中国共产党，由此播下了中国革命新的火种。中国共产党一经诞生就开始为中国人民谋幸福、为中华民族谋复兴。国难当头、民族危亡的动荡环境决定了中国共产党必须担当起特殊的历史使命。中国共产党毅然决然把特殊的历史使命担当起来，并且一以贯之

坚持下去，取得伟大成就。伟大建党精神是中国共产党坚定追求真理和理想、矢志践行初心和使命的真实写照，充分彰显了中国共产党坚强有力、持之以恒的担当品格，担当性是伟大建党精神一以贯之的鲜亮底色。

创造性是伟大建党精神的核心属性。近代中国战火不断、社会停滞不前。许多有识之士都进行了不同形式的尝试和可歌可泣的斗争，但这些尝试和斗争最终都走向了失败，历史在黑暗中迂回。中国共产党的成立，使中国的革命面貌焕然一新，中国共产党改变了中国革命的方向和中国人民的命运，从此，中国人民踏上了争取民族独立、人民解放的光明道路。在中国共产党成立后，中国共产党人无畏艰险、奋勇前行，在风雨如晦、动荡不安的环境下为中国人民开辟了一条真正符合时代要求、代表人民利益的正确道路，推动中国革命实现了从弱到强的发展壮大，最终实现了革命斗争的完全胜利，开启了奋力实现国家富强和人民幸福远大图景的壮丽征程。伟大建党精神始终散发着创造性的光辉，它的创造性特征就在于中国共产党人临危不惧、勇往直前，敢于创造惊天动地的伟大事业，推动中华大地发生翻天覆地的历史巨变。

人民性是伟大建党精神的一条主线。中国共产党旗帜鲜明坚持人民利益高于一切。中国共产党根植于人民群众的深厚土壤，在成立之时就将人民群众放在最高位置，把“人民”二字镌刻在自身的奋斗旗帜上。习近平总书记指出：“一个政党，一个政权，其前途命运取决于人心向背。”中国共产党把为民造福作为最大的价值，把人民群众赋予的责任扛在肩上。党性和人民性是高度统一的，伟大建党精神以“对党忠诚、不负人民”为重要精神内核，深刻印证着中国共产党一心为了人民的崇高追求，充分体现了中国共产党对“人民至上”价值立场的恪守。伟大建党精神是党和人民同呼吸、共命运的生动反映，其生成有着广泛的群众基础，人民性是贯穿伟大建党精神的一条特征主线。

科学把握伟大建党精神的时代价值

习近平总书记深刻指出，人无精神则不立，国无精神则不强。唯有精神上站得住、站得稳，一个民族才能在历史洪流中屹立不倒、挺立潮头。伟大建党精神激励人心、永放光芒。作为中国共产党所创造的独特精神财富，伟大建党精神具有深邃的时代洞穿力，其永恒的时代价值必将随着社会的发展不断凸显。

伟大建党精神是中国共产党与生俱来的红色基因，承载着中国共产党的初心和使命。正所谓确立初心和使命容易，矢志不渝践行初心和使命不容易，一个政党的伟大之处在于无论时代如何变化、社会如何发展，总能坚守初心和使命。不忘初心、牢记使命是马克思主义政党的永恒时代课题，要回答好这个时代课题，必须大力传承弘扬伟大建党精神，在伟大建党精神中找寻“中国共产党是什么、干什么、从哪里来、到哪里去”这个基本问题的答案，从伟大建党精神中汲取沿着党的初心和使命向前奋斗的不竭动力，不断提升党的领导和执政水平，确保中国共产党永不变质、永不变色、永不变味，巩固中国共产党的长期执政地位。

伟大建党精神是中国人民坚定文化自信的精神支撑。伟大建党精神是中国共产党的先驱们用汗水和鲜血创造形成的具有中国风格、气派和特色的先进文化。伟大建党精神中所包含的“坚持真理、坚守理想，践行初心、担当使命，不怕牺牲、英勇斗争，对党忠诚、不负人民”重要内涵品质，是中国共产党的先驱们昂扬精神面貌的生动体现，体现了革命前辈在内忧外患的近代中国社会环境下始终保持忠诚为民、勇于担当、不怕牺牲、革命理想高于天等理想信念和价值追求。伟大建党精神是中华民族精神宝库不可或缺的精神财富，它构成了中国人民坚定文化自信的重要依据和特有的精神底气。在新时代，传承弘扬好伟大建党精神能够为坚定文化自信提供重要精神支撑，为推动社会主义文化强国建设积蓄强大精神力量。

伟大建党精神是鼓舞广大党员干部投身伟大斗争的精神武器。早期中国共产党人前仆后继、舍生忘死，毅然决然点燃了中国革命的火种，屹立在革命潮流的最前头。在无数次的革命斗争中，中国共产党的先驱们鼓足敢于斗争的勇气，积极投身革命斗争实践，做到了敢于斗争、善于斗争，谱写了可歌可泣、浩气长存的壮丽诗篇。习近平总书记提出，“发展中国特色社会主义是一项长期的艰巨的历史任务，必须准备进行具有许多新的历史特点的伟大斗争”。新时代有着新机遇，也有着新斗争，特别是伴随着世界进入百年未有之大变局，国际政治经济格局加速演变，各种风险挑战的不断增多、交织叠加，新时代的伟大斗争更为艰巨、更具有挑战性。进行伟大斗争，广大党员干部必须大力传承伟大建党精神，厚植不怕牺牲、英勇斗争的斗争品格，做到敢闯敢试、真干真为、善作善成，真正把各种复杂局面转变为开启新未来的机遇。

伟大建党精神见证了中国共产党百年来的巨变，广大党员干部群众要以伟大建党精神为信仰之钙，赓续好红色精神血脉，保持更加昂扬向上的精神状态，牢记初心使命，坚定理想信念，践行党的宗旨，一张蓝图绘到底，向着实现第二个百年奋斗目标奋勇进军，在全面建设社会主义现代化国家新征程中作出更大贡献。

（摘编自北京日报客户端 2021 年 7 月 5 日）

路克利

中国人民大学习近平新时代中国特色社会主义思想研究院研究员

曲 政

中国人民大学马克思主义学院博士研究生

第 五 章

CHAPTER 5

始终明确“以史为鉴、开创未来”的根本要求

初心易得，始终难守。以史为鉴，可以知兴替。我们要用历史映照现实、远观未来，从中国共产党的百年奋斗中看清楚过去我们为什么能够成功、弄明白未来我们怎样才能继续成功，从而在新的征程上更加坚定、更加自觉地牢记初心使命、开创美好未来。

冷溶：学史明理，增强政治自觉

—

习近平总书记在庆祝中国共产党成立100周年大会上指出："中国共产党为什么能，中国特色社会主义为什么好，归根到底是因为马克思主义行！"习近平总书记在党史学习教育中提出的第一个要求就是做到学史明理，强调要突出的第一个重点就是"进一步感悟思想伟力，增强用党的创新理论武装全党的政治自觉"。这表明，这次党史学习教育的成效首先要体现在对于党的理论的深刻理解上，特别是要深入学习理解习近平新时代中国特色社会主义思想，提高政治站位，自觉增强"四个意识"、坚定"四个自信"、做到"两个维护"。

为什么我们党选择并始终不渝坚持马克思主义

我们党的初心和使命是为中国人民谋幸福，为中华民族谋复兴。如何找到实现初心使命的正确道路呢？中国人的寻路过程是相当漫长、曲折和艰辛的。毛泽东同志曾经回顾过这段历史，他说，"从一八四〇年的鸦片战争到一九一九年的五四运动的前夜，共计七十多年中，中国人没有什么思想武器可以抗御帝国主义。旧的顽固的封建主义的思想武器打了败仗了，抵不住，宣告破产了。不得已，中国人被迫从帝国主义的老家即西方资产阶级革命时代的武器库中学来了进化论、天赋人权论和资产阶级共和国等项思想武器和政治方案，组织过政党，举行过革命，以为可以外御列强，内建民国。但是这些东西也和封建主义的思想武器一样，软弱得很，又是抵不住，败下阵来，宣告破产了”，“一九一七年的俄国革命唤醒了中国人，中国人学得了一样新的东西，这就是马克思列宁主义。中国产生了共产党，这是开天辟地的大事变”。

从十月革命到中国共产党的创建，经过了3年多的时间。这说明，中国人接受马克思主义也还有一个过程。了解这一段历史，对于理解中国共产党人为什么选择并始终不渝地坚持马克思主义，是非常有必要的。

最早是李大钊同志在1918年7月1日发表了《法俄革命之比较观》一文，这是一篇用马克思主义学说解释重大历史事件的文章。他高度评价十月革命“实二十世纪全世界人类普遍心理变动之显兆”。在他周围很快聚集了一批最早的先知先觉者。第一次世界大战给人类造成巨大灾难和痛苦，使西方资本主义制度固有的矛盾和弊端暴露无遗，社会主义思潮流行了起来，包括无政府主义，中国也不例外。但各种流派的社会主义大多是温和的、改良的社会主义，而不是马克思的科学社会主义。当时先进的知识分子也感到，对于黑暗至极的中国社会和灾难深重的中国人民来说，温和的办法似乎并不是一剂管用的良药。能够救中国的正确道路究竟在哪里呢？

认识的转折点发生在1919年的五四运动。巴黎和会的外交失败，打碎了中国人对西方列强仅存的一点幻想，也堵死了用改良方式救中国的道路。人们把目光转向了俄国式激烈革命的彻底的社会改造方案。“我看俄国式的革命，是无可如何的山穷水尽诸路皆走不通了的一个变计。”毛泽东同志在1920年写给蔡和森等人的信中的这句话，生动地概括了当时急于救中国的先进分子的真实心态。而当他们开始认真学习和研究马克思主义以后，很快就被其闪耀的真理光芒所震撼。马克思主义一整套学说，科学揭示了人类社会发展的一般规律和资本主义社会发展的特殊规律，其说理之透彻、视野之宽广、逻辑之严密，特别是鲜明的阶级和人民立场、科学的方法，远远胜过以往曾接触过的各种学说。“真理的味道”和俄国革命的成功，使党的先驱们义无反顾地选择了马克思主义，并决心为之流血牺牲、奋斗终身。这从他们当时留下的文字中，看得很清楚。“我认的主义一定是不变了。”周恩来同志写下的这句话，很多早期共产党人都同样说过。

更为重要的是，中国当时已达200万左右的产业工人，在五四运动中展现出了强大的力量。中国共产党的产生是马克思主义与工人运动相结合的产物。五四运动以后，马克思主义在中国广泛传播，陈望道翻译的《共产党宣言》中文版以及众多马克思主义著作文章的出版发表，先进知识分子深入工人中进行的持续努力的宣传和阐释，使中国工人阶级开始了解属于自己的思想武器，逐步从自在阶级转为自为阶级。中国尽管仍处于资产阶级民主革命阶段，但革命的性质已经发生了根本转变，由旧的资产阶级民主革命开始逐渐转变为无产阶级领导的新民主主义革命。历史改变了方向，转向社会主义，中国人的精神也由此从被动转为主动。恩格斯如果还健在，一定会像《共产党宣言》俄文版、英文版出版时那样，兴奋地写一篇中文版序言，为马克思主义终于来到远东这片拥有众多人口和悠久文明的广袤土地而欢呼鼓舞，并深刻阐述其对中国和世界的重大历史意义。

坚持马克思主义一定要坚持中国化的方向

印度共产党（马克思主义）的领导人曾经说：印共是 1920 年成立的，比中国共产党还要早一年，但是革命至今没有成功、没有取得政权，主要原因是始终没有产生印度化的马克思主义，而中国共产党产生了中国化的马克思主义。他们说的是对的。但是，我们党认识到马克思主义必须中国化，也付出了多次血的惨痛教训，经历了一个很长的痛苦过程。马克思主义必须中国化，这一点今天仍然要反复强调。

本来，理论要与实际相结合，搞革命要从本国的特点出发，这是马克思主义一个基本原理。俄国革命的成功就是典范。我们党的早期领导人也说过这样的话，但是他们对这一问题的认识并不深刻。

中国共产党是在共产国际指导下成立的。严格的组织纪律赋予共产国际极大权威，作为它的一个支部，处于幼年时期的中国共产党要服从共产国际的指示。比如，党的一大强调“应始终站在完全独立的立场上”，“不同其他党派建立任何关系”。但党的二大时，就提出要与国民党合作的问题。这个弯子转得太大，当时很多人是想不通的。党的三大作出国共合作的决定，这是正确的。但如何合作，怎样保持党的独立性，党要不要有自己的武装，认识得不是很清楚。至于怎样看待中国的资产阶级，怎样看待农民这个同盟军这样复杂的问题，更是缺少研究。

马克思主义中国化的伟大开拓者是毛泽东同志。他通过艰苦细致的调查研究，深入分析国情，对中国各个阶级的状况及对待革命的态度，特别是对中国民族资产阶级的两面性，对农民是无产阶级最可靠的同盟军等一系列中国的特殊性问题，讲得清清楚楚。但是他的这些正确见解，并没有被当时党的主要领导人接受，也没有得到大多数人的理解和支持。这使我们党第一次付出了血的代价。四一二反革命政变的发生，大革命的失败，30 多万共产党员和革命群众被屠杀，根本原因是我们党对马克思主义必须中国化、必须一切从中国的实际出发，缺少认识。党要真正认识到这个根本原因，还要走很长道路，付出更多代价。

十年土地革命战争时期发生的多次“左”倾错误，特别是统治中央长达 4 年的王明“左”倾错误，给革命带来更为严重的损失，使我们党损失了 90% 的根据地，几乎 100% 的白区。红军被迫长征，从 30 万人减到 3 万人左右，共产党员从 30 万人减到 4 万人左右。当时的党和红军，几乎面临灭顶之灾。其根本原因，还是脱离了中国实际，照搬书本，照搬国外经验。后来王明又犯了右倾错误，同样也是这个原因。

早在 1930 年毛泽东同志写的《反对本本主义》一文中，就提出“中国革命斗争的胜利要靠中国同志了解中国情况”，“共产党的正确而不动摇的斗争策略”，“要在实际经验中才能产生”，第一次提出了思想路线问题：共产党人要坚持从斗争中创造新局面的思想路线。这就是说，要在中国革命的实际斗争中发挥主动性。以后，毛泽东同志在一系列讲话和文章中，反复强调马克思主义必须和实践相结合的道理。他感到，解决这个问题还必须从哲学的高度上深刻剖析，写下了《实践论》《矛盾论》等光辉著作，运用辩证唯物主义认识论和唯物辩证法，联系中国革命实际，深刻阐述了理论与实践、主观与客观的辩证关系，阐述了什么是实事求是，为什么要实事求是，怎样做到实事求是，从中国文化和革命实践中创造了具有中国特色的马克思主义哲学思想。

遵义会议之后，主张马克思主义要与中国实际相结合的毛泽东同志开始领导我们党，使我们党和红军得以在极其危急的情况下保存下来，避免了更大的挫折。1938 年 9 月至 11 月，毛泽东同志在党的扩大的六届六中全会首次提出马克思主义中国化的命题。他明确指出：“使马克思主义在中国具体化，使之在其每一表现中带着必须有的中国的特性，即是说，按照中国的特点去应用它，成为全党亟待了解并亟须解决的问题。”毛泽东同志称“六中全会是决定中国之命运的”，一个重要原因，是全党开始认识到马克思主义必须中国化的道理，进一步巩固了毛泽东同志在全党的领导地位。后来，经过延安整风，学习党的历史，分清路线是非，作出历史决议，到1945年召开的党的七大，实现了认识上的飞跃，产生了马克思主义中国化的第一个重大理论成果——毛泽东思想，全党在政治上思想上组织上达到高度统一，为解放战争的胜利、为新中国的诞生奠定了坚实的基础。

有一个例子很能说明我们党在这一极其重要问题上认识深化的过程。在党的二大时，我们党就明确了中国民主革命的性质，提出了党的最高纲领和最低纲领。这反映了党早期对中国革命重大问题的探索和努力，有重要意义，但其理论根据主要是列宁关于民族和殖民地问题的理论，当时的认识也很单薄。但是经过十多年的革命实践后，在毛泽东同志所写的《中国革命和中国共产党》《新民主主义论》等文章中，在讲同样的问题时，可以强烈感受到，经过了丰富的斗争实践，总结了成功经验特别是失败教训，我们党对中国革命的认识极大地深化了、丰满了起来。毛泽东同志从百年来的革命运动以及中国革命的对象、动力、性质、前途、两重任务等方面，从中国的历史特点、中国革命的历史特点、新民主主义的政治经济文化等方面，系统深刻地阐述和回答了中国革命的基本问题。这些重要著作，成为马克思主义中国化伟大理论成果的代表作。

党的全部历史证明，凡属成功的经验都是坚持了从中国实际出发，都是马克思主义普遍真理与中国具体实际结合得好的；凡属失败的教训则都是脱离中国实际，照搬国外经验和书本知识，空洞地教条地对待马克思主义。1982 年 9 月 1 日，邓小平同志在党的十二大开幕词中说："我们的现代化建设，必须从中国的实际出发。无论是革命还是建设，都要注意学习和借鉴外国经验。但是，照抄照搬别国经验、别国模式，从来不能得到成功。这方面我们有过不少教训。把马克思主义的普遍真理同我国的具体实际结合起来，走自己的道路，建设有中国特色的社会主义，这就是我们总结长期历史经验得出的基本结论。"这段话中第一次正式提出"中国特色社会主义"的重大命题，也清楚地解释了其中的深刻内涵。了解中国共产党历史的人，对邓小平同志讲的这段话和凝练提出的这一命题，一定会有很深的感触！

习近平总书记在庆祝中国共产党成立 100 周年大会上指出："中国共产党坚持马克思主义基本原理，坚持实事求是，从中国实际出发，洞察时代大势，把握历史主动，进行艰辛探索，不断推进马克思主义中国化时代化，指导中国人民不断推进伟大社会革命。"正是因为我们党不但强调坚持马克思主义，而且始终强调坚持马克思主义中国化，才取得了新民主主义革命的伟大胜利，取得了社会主义革命、建设、改革的伟大成就。

坚持一脉相承、与时俱进是坚持马克思主义中国化的题中应有之义

在推进马克思主义中国化的历史过程中，有一个问题很重要，这就是坚持"一脉相承、与时俱进"。它的着眼点在创新。创新是发展的源

泉，是发展的不竭动力。“一脉相承”强调创新的源和流，“与时俱进”强调创新的时与势。“一脉相承、与时俱进”讲的就是坚持、继承、发展、创新的关系问题。

习近平总书记指出，一脉相承、与时俱进是马克思主义的理论品质。列宁就是一脉相承、与时俱进的典范。他坚持和继承了马克思主义基本原理，创立了关于帝国主义的理论，丰富和发展了无产阶级革命理论，指导俄国革命取得成功，把马克思主义推进到列宁主义阶段。

中国化马克思主义也是这样产生的。在新民主主义革命时期，我们党走农村包围城市、武装夺取政权的道路，实行统一战线的方针，开辟敌后抗日根据地，推进党的建设伟大工程等，都是毛泽东思想在马克思列宁主义基础上的发展创新。在改革开放新时期，我们党走中国特色社会主义道路的一系列路线、方针、政策，都是邓小平理论、“三个代表”重要思想、科学发展观在马克思列宁主义、毛泽东思想基础上的发展创新。党的十八大以来，习近平新时代中国特色社会主义思想成为21世纪中国化马克思主义的最新成果。总之，我们党在100年探索中所形成的马克思主义中国化理论成果都是一脉相承、与时俱进的产物。前者为后者的提出奠定了思想基础，后者是对前者的坚持、继承、发展、创新。它们统一于我们党的初心使命，统一于我们党团结带领全国人民实现中华民族伟大复兴的伟大实践。正如习近平总书记指出的那样，我们党的历史，就是一部不断推进理论创新、进行理论创造的历史。

可以清楚地看到，理论创新要有两个前提：一是坚持马克思主义不动摇，老祖宗不能丢。在这个问题上，我们党历来都十分明确坚定，党的十八大以来习近平总书记更是一再强调。他指出，我们党之所以能够完成近代以来各种政治力量不可能完成的艰巨任务，就在于始终把马克思主义这一科学理论作为自己的行动指南。强调中国特色社会主义是社会主义，不是别的什么主义；马克思主义是我们立党立国的根本指导思想，是我们党的灵魂和旗帜；在坚持马克思主义指导地位这一根本问题上，我们必须坚定不移，任何时候任何情况下都不能有丝毫动摇。当然，对待马克思主义不能采取教条主义态度，我们坚持的是马克思主义基本原理，是运用马克思主义立场观点方法解决中国实际问题。二是注意马克思主义及其中国化过程中的继承关系。我们党讲“与时俱进”总是和“一脉相承”联系在一起，就是要把理论创新的源和流搞清楚。源只有一个，但流会有许多种。源重要，流也重要。我们党的创新理论的源是马克思列宁主义，流是马克思主义中国化的理论成果。一脉相承就是要讲“道统”。任何理论都不是从天上掉下来的，都是有传承关系的，要正本就得清源，要创新就得守正。我们党的旗帜上鲜明写着马克思列宁主义、毛泽东思想、邓小平理论、“三个代表”重要思想、科学发展观、习近平新时代中国特色社会主义思想。它们既体现了与时俱进的伟大创新精神，又是一脉相承的光辉典范。

学习党的理论特别要学习好习近平新时代中国特色社会主义思想

习近平新时代中国特色社会主义思想，是马克思主义中国化理论创新的最新成果，是21世纪的马克思主义，对我们在新时代实现“两个一百年”奋斗目标具有直接指导意义。在今天坚持习近平新时代中国特色社会主义思想，就是真正坚持马克思主义，真正坚持马克思主义中国化。学习党的理论特别要学习好党的这一创新理论。

在党史学习教育中学习习近平新时代中国特色社会主义思想，要联系党的百年辉煌史、联系党的思想发展史来学习，这样就会有助于对习近平新时代中国特色社会主义思想的理解，可以使我们学习得更深入、更透彻一些。这是此次学习党的创新理论的特点和要求。

比如，党的初心和使命是为中国人民谋幸福，为中华民族谋复兴。这是习近平总书记提出和概括的重要思想。如果我们联系党的全部历史来学习，就会清楚地了解到，这是党从成立时起各个历史时期为之奋斗的一条鲜明主线，从而对习近平总书记的这一重要思想有更加深刻的认识。

又如，关于新时代中国特色社会主义。从党史上看，在我们党成立初期就明确，中国革命的前途是社会主义、最终要实现共产主义。新中国成立以后，在社会主义革命和建设中，毛泽东同志及时提出要“以苏为鉴”，搞符合中国实际的社会主义和现代化建设。在这个探索过程中，取得过巨大成功，也有过严重曲折，终于在改革开放中成功开辟和发展了中国特色社会主义道路，取得了举世瞩目的发展奇迹。党的十八大以来，中国特色社会主义进入新时代，我们党创立了习近平新时代中国特色社会主义思想，从理论和实践结合上，创造性地系统回答了新时代坚持和发展什么样的中国特色社会主义、怎样坚持和发展中国特色社会主义这个重大时代课题，把我们党对社会主义的认识提高到一个崭新的高度。联系党的百年发展史，我们一定会对这一创新理论有更深的认识和理解。

再如，关于“两个一百年”奋斗目标。从党史上看，毛泽东同志就提出过我国经济发展的百年奋斗目标的问题。改革开放后，邓小平同志明确提出小康社会和现代化建设“三步走”发展战略。党的十五大首次提出“两个一百年”奋斗目标；党的十六大、十七大均对此作了强调和安排；党的十八大描绘了全面建成小康社会、加快推进社会主义现代化的宏伟蓝图；党的十九大清晰擘画实现第二个百年奋斗目标的时间表、路线图。通过学习这一历史，就理解了习近平总书记讲的什么叫“一张蓝图绘到底”，什么叫“钉钉子精神”，就会更深地了解为什么我们党能够充满自信地迈上全面建设社会主义现代化国家新征程，从而增强我们在习近平新时代中国特色社会主义思想指导下完成第二个百年奋斗目标的决心和信心。

还如，关于“四个全面”战略布局。习近平总书记在党史学习教育动员大会上的重要讲话中提到毛泽东同志概括的“三大法宝”，即统一战线、武装斗争、党的建设，这是我们党能够在中国革命中战胜敌人的宝贵经验。毛泽东同志分析了“三大法宝”之间的关系。他说，统一战线和武装斗争，是战胜敌人的两个基本武器。而党的组织，则是掌握统一战线和武装斗争这两个武器以实行对敌冲锋陷阵的英勇战士。习近平总书记提出全面建成小康社会和全面建设社会主义现代化国家的奋斗目标。而实现这一目标，要靠全面深化改革、全面依法治国、全面从严治党。他阐述了三者关系，指出全面深化改革、全面依法治国就如鸟之双翼、车之两轮，而全面从严治党就是把党建设得更加坚强，更好驾驭全面深化改革、全面依法治国的双翼和两轮，以实现“两个一百年”奋斗目标。这个思路和逻辑与“三大法宝”是一致的。“三大法宝”是战胜敌人、夺取新民主主义革命胜利的法宝，是对新民主主义革命理论和实践的深刻总结；“四个全面”战略布局是完成“两个一百年”奋斗目标、实现中华民族伟大复兴中国梦的法宝，是对改革开放以来特别是党的十八大以来实践经验的深刻总结。两者在战略意义、理论意义和方法论方面十分相似。“四个全面”战略布局是新时代最具创新特色的重大理论之一，联系党史学习，深化认识，是非常必要的。

总之，学习党史一定要联系今天的实际，特别要加深对习近平新时代中国特色社会主义思想的学习理解。学史明理、学史增信、学史崇德、学史力行，这些要求都是立足今天和今后的斗争，都是从政治的高度上提出来的。

政治上的坚定源于理论上的坚定，政治自觉源于理论自觉。学史明理，是这次党史学习教育的要求，也是方法，既要学习党的百年辉煌历史，又要深化对党的思想理论的认识，更要提高政治站位，增强政治判断力、政治领悟力、政治执行力。我们应该按照习近平总书记和党中央的要求，朝着这个方向努力。

（摘编自《求是》2021 年第 13 期）

冷　溶

中共中央党史和文献研究院原院长

马建堂：党领导经济建设的伟大成就和经验启示

—

习近平总书记在庆祝中国共产党成立100周年大会上的重要讲话中指出："中国共产党领导是中国特色社会主义最本质的特征，是中国特色社会主义制度的最大优势，是党和国家的根本所在、命脉所在，是全国各族人民的利益所系、命运所系。"新中国成立以来，在中国共产党领导下，我国经济建设取得举世瞩目的伟大成就，从"一穷二白"跃升为世界第二大经济体，从落后的农业国发展成为世界第一制造大国，创造了世所罕见的经济快速发展奇迹和社会长期稳定奇迹（"两大奇迹"），我们比历史上任何时期都更接近中华民族伟大复兴的目标，比历史上任何时期都更有信心、有能力实现这个目标。

综合国力实现历史性跨越

新中国成立以来，我国的社会生产力、综合国力实现了历史性跨越。国内生产总值从1952年的679.1亿元跃升至2020年的101.6万亿元，实际增长约189倍。其中，1979—2020年国内生产总值年均增长9.2%，远高于同期世界经济2.7%左右的水平，经济增速之快、持续时间之长世所罕见。特别是党的十八大以来，我国综合国力持续提升，经济总量不断跨越60万亿元、70万亿元、80万亿元、90万亿元、100万亿元大关。2020年，面对突如其来的新冠肺炎疫情，我们统筹疫情防控和经济社会发展工作，率先控制住疫情、率先实现复工复产，全年国内生产总值增长2.3%，成为全球唯一实现正增长的主要经济体。

我国经济发展取得的巨大成就，为世界多极化和全球经济增长作出了巨大贡献。随着经济持续发展，我国于2010年成为世界第二大经济体。根据国际货币基金组织世界经济展望数据库测算，2020年我国经济占全球比重约为17.4%，较2000年提高13.9个百分点，成为世界经济发展的主要驱动力。从2006年开始，我国已连续15年成为对世界经济增长贡献率最高的国家，2008年国际金融危机以来年均贡献率接近30%。随着经济迈向高质量发展，我国作为世界经济稳定器和动力源的作用将更加突出。

经济与产业结构不断高级化

新中国成立之初，农业和手工业占国民经济比重高达90%左右，几乎没有真正的机器制造业，更没有现代化的国防工业。随着包括156项重点工程在内的国家工业化奠基工程、“三线建设”和国防工业建设等的艰苦推进，我国国民经济实现了从落后的农业经济向工业主导，再向三次产业协调发展、创新驱动发展的历史性转变。一、二、三产业增加值占比分别由1952年的50.5%、20.8%、28.7%调整为2020年的7.7%、37.8%、54.5%。农业基础地位更加巩固，农业高质量发展和乡村振兴全面推进；工业从低端向中高端转型升级步伐不断加快，“中国制造”竞争力显著增强，世界第一制造大国地位持续保持和巩固；现代服务业已成为国民经济的重要支撑，对经济增长的贡献率稳步上升。2013 年，我国第三产业占比首次超过第二产业，成为全球第二大服务业国家。经济发展的质量和效益不断提高，2020 年我国位列全球创新指数排名第 14 位，是前 30 名中唯一的中等收入经济体；数字经济核心产能增加值占 GDP 的比重达到 7.8%。

经济与产业结构的深刻变化，推动发展质量和效益不断提高。目前，我国是世界上唯一拥有联合国产业分类中全部工业门类的国家，产业链供应链的稳定性和经济增长韧性十足。数字技术支撑的现代服务业快速发展，经济增长动能接续转换。城镇化率稳步提高，中等收入群体不断扩大，创新能力持续提升，产业转型升级步伐加快，这些都为创造高质量发展新奇迹注入源源不断的动力。

人民生活水平得到空前改善

我们党始终高度重视改善人民生活。新中国成立后，党团结带领全国各族人民迅速恢复生产和生活秩序，城乡居民人均收入显著增长。特别是改革开放以来，随着社会主义市场经济体制的建立和完善，我国保障和改善民生的制度体系不断健全，人民生活水平得到空前改善，人均预期寿命持续提高。我国人均 GDP 从 1949 年的几十美元增加到 2020 年的 1 万多美元；城镇、农村居民人均可支配收入分别由不足 100 元和 50 元，增加到 43834 元和 17131 元；人均预期寿命从 35 岁提升至 2019 年的 77.3 岁。居民消费结构加速升级，城镇、农村居民恩格尔系数显著下降，分别由 1978 年的 57.5% 和 67.7% 下降到 2020 年的 29.2% 和 32.7%。特别是党的十八大以来，我国坚持把社会保障全民覆盖作为全面建成小康社会的新要求，加大公共财政投入力度，实施全民参保计划，各项社会保障的覆盖人数大幅增加，建成了世界规模最大的社会保障体系。

摆脱贫困，是中国人民孜孜以求的梦想，也是实现中华民族伟大复兴中国梦的重要内容。作为全球人口最多的国家和最大发展中国家，中国在取得经济建设举世瞩目伟大成就的同时，让占世界人口约1/5的中国人民摆脱了贫困、实现了全面小康。按照现行标准测算，改革开放以来，我国农村贫困人口减少7.7亿；党的十八大以来，到2020年，9899万农村贫困人口全部脱贫，832个贫困县全部摘帽，12.8万个贫困村全部出列，解决了区域性整体贫困，完成了消除绝对贫困的艰巨任务，为走向共同富裕奠立了坚实基础，并且提前10年实现《联合国2030年可持续发展议程》减贫目标，创造了减贫治理的中国样本，为全球减贫事业作出了历史性贡献。

长期积累的经济建设经验弥足珍贵

习近平总书记指出：“我们要用历史映照现实、远观未来，从中国共产党的百年奋斗中看清楚过去我们为什么能够成功、弄明白未来我们怎样才能继续成功，从而在新的征程上更加坚定、更加自觉地牢记初心使命、开创美好未来。”在“两个一百年”奋斗目标历史交汇的关键节点，总结我们党在长期经济建设中积累的宝贵经验，对于立足新发展阶段、贯彻新发展理念、构建新发展格局、推动高质量发展，为全面建设社会主义现代化国家开好局起好步具有重要意义。

坚持中国共产党领导。习近平总书记指出：“中国共产党是中国特色社会主义事业的领导核心，处在总揽全局、协调各方的地位。”党的领导是做好党和国家各项工作的根本保证，是我国政治稳定、经济发展、民族团结、社会稳定的根本点，绝对不能有丝毫动摇。正是因为始终坚持党对经济工作的集中统一领导，我们才能成功克服经济建设中遇到的一个又一个重大风险挑战，取得举世瞩目的经济发展成就。坚持党的领导，发挥党总揽全局、协调各方的领导核心作用，集中体现了我国社会主义市场经济体制的本质特征和制度优势。在全面建设社会主义现代化国家新征程中，我们必须继续坚持和加强党的全面领导，在习近平新时代中国特色社会主义思想指引下，进一步巩固我国政治稳定、经济发展、民族团结、社会和谐的大好局面，谱写“两大奇迹”新篇章。

坚持以人民为中心的发展思想。习近平总书记指出：“我们要紧紧依靠人民，充分发挥人民主体作用，尊重人民首创精神，为了人民干事创业，依靠人民干事创业。”新中国成立以来，我们党始终把实现好、维护好、发展好最广大人民根本利益作为一切工作的出发点和落脚点，让发展成果更多更公平惠及全体人民。我国经济建设之所以能够取得伟大成就，关键在于我们始终坚持以人民为中心的发展思想，不断增强发展的包容性和共享性。在全面建设社会主义现代化国家新征程中，我们必须始终坚持以人民为中心的发展思想，始终把人民对美好生活的向往作为奋斗目标，扎实推进共同富裕。

坚持走中国特色社会主义道路。习近平总书记指出，“中国特色社会主义道路是党和人民历经千辛万苦、克服千难万险取得的宝贵成果”。“必须坚持走中国特色社会主义道路，不断坚持和发展中国特色社会主义”。新中国成立后，我们党把马克思主义基本原理同中国具体实际结合起来，确立了社会主义基本制度，为当代中国一切发展进步奠定了根本政治前提和制度基础。改革开放以来，我们党既坚持科学社会主义基本原则，又根据时代条件赋予其鲜明的中国特色，开创和发展中国特色社会主义，探索出了中国特色社会主义道路这条当代中国大踏步赶上时代、引领时代发展的康庄大道。在全面建设社会主义现代化国家新征程中，无论遇到什么样的风云变幻，无论遇到什么样的困难和挑战，我们都要毫不动摇地坚持走中国特色社会主义道路，坚持和发展新时代中国特色社会主义。

坚持解放思想、实事求是。习近平总书记指出："中国人民坚持解放思想、实事求是，实现解放思想和改革开放相互激荡、观念创新和实践探索相互促进，充分显示了思想引领的强大力量。"思想是行动的先导。党的十一届三中全会冲破长期"左"的错误的严重束缚，高度评价关于真理标准问题的讨论，重新确立马克思主义的思想路线、政治路线、组织路线，拉开了我国改革开放的大幕。在改革开放和社会主义现代化建设新时期，我们党始终坚持解放思想、实事求是，把党和国家工作中心转移到经济建设上来，作出我国正处于并将长期处于社会主义初级阶段的重大判断等一系列重大决策判断，开创和发展了中国特色社会主义，从根本上改变了中国人民和中华民族的前途命运。在全面建设社会主义现代化国家新征程中，我们必须始终坚持解放思想、实事求是、与时俱进、求真务实，作出正确的战略决策和科学的政策设计，推动经济社会持续健康发展。

坚持深化改革开放。习近平总书记指出："改革开放是中国人民和中华民族发展史上一次伟大革命，正是这个伟大革命推动了中国特色社会主义事业的伟大飞跃！"从党的十一届三中全会作出实行改革开放的历史性决策，到党的十八届三中全会对全面深化改革作出系统部署，再到党的十九届五中全会强调坚持深化改革开放，中国共产党领导经济建设不断取得新成就的伟大实践充分证明：改革开放是党和人民大踏步赶上时代的重要法宝，是坚持和发展中国特色社会主义的必由之路，是决定当代中国命运的关键一招。在全面建设社会主义现代化国家新征程中，我们要坚定不移在更高起点、更高层次、更高目标上推进改革开放，永葆“闯”的精神、“创”的劲头、“干”的作风，破解发展面临的一系列突出矛盾和问题，把蕴藏的巨大潜力和活力释放出来，努力实现更高质量、更有效率、更加公平、更可持续、更为安全的发展，创造让世界刮目相看的新的更大奇迹。

（摘编自《人民日报》2021 年 7 月 6 日）

马建堂

国务院发展研究中心党组书记

王伟光：马克思主义中国化——百年党史的精彩华章

一

伟大的中国共产党走过了100年波澜壮阔的征程，在这个伟大进程中，马克思主义中国化是党的百年历史中的精彩华章，是党取得一个又一个胜利、创造一个又一个奇迹的关键之所在。在庆祝中国共产党成立100周年大会上的重要讲话中，习近平总书记深刻指出："中国共产党坚持马克思主义基本原理，坚持实事求是，从中国实际出发，洞察时代大势，把握历史主动，进行艰辛探索，不断推进马克思主义中国化时代化，指导中国人民不断推进伟大社会革命。"此时此刻，回顾总结党带领全国人民不懈探索马克思主义基本原理同中国具体实际相结合的历史经验，深刻认识和准确把握不同历史时期党坚持、丰富和发展马克思主义的规律和特点，对于在新的历史起点上坚持和发展马克思主义，不断推进马克思主义中国化，运用中国化的马克思主义指导实践，具有重要意义。

一种政治选择：坚持把马克思主义作为党的根本指导思想

马克思主义是我们立党立国的根本指导思想，是我们党的灵魂和旗帜。把马克思主义作为党的根本指导思想，既是由党的性质所决定的，也是由近代以来中国的具体国情、中国所处的世情、时代发展的大势所决定的。习近平总书记指出："中国共产党之所以能够完成近代以来各种政治力量不可能完成的艰巨任务，就在于始终把马克思主义这一科学理论作为自己的行动指南，并坚持在实践中不断丰富和发展马克思主义。"

马克思主义是科学的理论，创造性地揭示了人类社会发展规律，第一次创立了人民实现自身解放的思想体系，它坚持实现人民解放、维护人民利益的立场，坚持积极改变世界的实践品格，指引着人民改造世界的行动。马克思指出："批判的武器当然不能代替武器的批判，物质力量只能用物质力量来摧毁；但是理论一经掌握群众，也会变成物质力量。"马克思主义是马克思、恩格斯在继承人类优秀文化遗产、总结工人运动经验基础上所创造的关于无产阶级和全人类解放的先进思想。工人阶级只有掌握了这一先进思想，才能由自在的阶级变成经先进理论武装起来的自为的阶级，从而迸发出打碎旧社会、建立新社会的强大物质力量。马克思主义诞生 170 多年来，这一科学真理与人民大众相结合，已经发挥并正在发挥着改造世界的巨大威力。在人类思想史上，还没有一种理论像马克思主义那样对人类文明进步产生了如此广泛而巨大的影响。

中国工人阶级的先进分子选择了马克思主义，走上马克思主义指引的正确道路，是经过长期的、艰苦的探索之后所作出的唯一正确的选择。在近代史上，为了拯救陷于水深火热之中的中华民族，曾经涌现出一批有作为的先进人物，提出种种救国图强方案，作出了不懈努力。然而，旨在救国救民的各种探索，譬如太平天国农民起义、"中体西用"的洋务运动、试图变法图强的戊戌维新运动、群众性的义和团运动、旧民主主义的辛亥革命……虽然每一次都在一定历史条件下推动了中国进步，但又一次次地归于失败。究其根本原因，就是没有科学的理论指导。在半殖民地半封建性质的旧中国，农民起义于解救中国无补；幻想运用资产阶级思想武器，采取改良主义的或旧民主主义资产阶级革命的方式，建立资产阶级民主共和国，走资本主义富国道路，也是不可能解救中国、振兴中华的。帝国主义列强不允许，中国封建统治阶级也不允许。这是由近代中国半殖民地半封建社会的国情，是由世界已进入帝国主义和无产阶级革命时代的大趋势所决定的。

马克思主义在中国的广泛传播催生了中国共产党，马克思主义使我们党拥有了科学的世界观和方法论，拥有了认识世界、改造世界的强大思想武器。中国共产党是马克思主义与中国工人运动相结合的产物。经历五四运动洗礼，中国工人阶级的先进代表找到马克思主义，把马克思主义作为指导思想，缔造了中国共产党。以马克思主义武装起来的中国共产党带领人民走出了一条民族复兴的光明之路。马克思主义使我们党得以摆脱以往一切政治力量追求自身特殊利益的局限，以唯物辩证的科学精神、无私无畏的博大胸怀领导和推动中国革命、建设、改革。中国共产党诞生后，中国共产党人把马克思主义基本原理同中国革命和建设具体实际结合起来，团结带领人民经过长期奋斗，完成新民主主义革命和社会主义革命，建立起中华人民共和国和社会主义基本制度，进行了社会主义建设的探索，实现了中华民族从“东亚病夫”到站起来的伟大飞跃。改革开放以后，中国共产党人把马克思主义基本原理同中国改革开放的具体实际结合起来，团结带领人民进行建设中国特色社会主义新的伟大实践，使中国大踏步赶上了时代，实现了中华民族从站起来到富起来的伟大飞跃。在新时代，中国共产党人把马克思主义基本原理同新时代中国具体实际结合起来，团结带领人民进行伟大斗争、建设伟大工程、推进伟大事业、实现伟大梦想，推动党和国家事业取得全方位、开创性历史性成就，发生深层次、根本性历史变革，中华民族迎来了从富起来到强起来的伟大飞跃，迎来了实现伟大复兴的光明前景。实践证明，马克思主义的命运早已同中国共产党的命运、中国人民的命运、中华民族的命运紧紧连在一起，它的科学性和真理性在中国已经得到了充分检验。习近平总书记在庆祝中国共产党成立100周年大会上的重要讲话中强调："中国共产党为什么能，中国特色社会主义为什么好，归根到底是因为马克思主义行！"

马克思主义不仅深刻改变了世界，也深刻改变了中国，使中国这个古老的东方大国创造了人类历史上前所未有的发展奇迹。中国共产党百年奋斗的历史和实践一再证明，把马克思主义作为党的根本指导思想，把社会主义作为实现中华民族伟大复兴的正确道路，是唯一正确的政治选择。

一条根本经验：坚持把马克思主义基本原理同中国具体实际相结合

理论的生命力在于创新。马克思主义进入中国，既引发了中华文明的深刻变革，也走过了一个逐步中国化的过程。习近平总书记指出："我们党的历史，就是一部不断推进马克思主义中国化的历史，就是一部不断推进理论创新、进行理论创造的历史。"马克思主义中国化，就是把马克思主义基本原理同中国具体实际相结合，吸收古今中外先进思想的精华，用中国特色、中国风格、中国气派的理论话语体系建构中国化的马克思主义。

马克思主义中国化的进程不是一帆风顺的，中国共产党人是在批判教条主义、经验主义等主观主义的斗争中，实现马克思主义基本原理同中国具体实际相结合的。在农民占绝大多数、产业工人数量比较少的半殖民地半封建的中国，如何发挥马克思主义的作用，指导这样一个相对落后的东方大国进行武装革命，夺取政权，走社会主义道路，是一个极为复杂的实践难题，既没有现成的理论可以照抄，又没有现成的经验可以照搬。大革命时期，陈独秀右倾机会主义脱离中国实际，致使党在强大敌人的突然袭击下遭到惨重失败，已经发展到近 5.8 万名党员的党只剩下了 1 万多名党员。土地革命战争时期，王明"左"倾教条主义把马克思主义教条化，把共产国际决议和苏联经验神圣化，使革命力量遭到极大损失。毛泽东同志一贯重视党的思想路线问题，从实际而不是本本出发，深入调查研究，科学分析国情、世情，科学认识中国革命形势，创造性地将马克思主义基本原理同中国具体实际相结合，在事关中国革命的前途命运、战略策略等重大原则问题上得出科学结论，走出了一条创建工农武装，开展武装斗争，以农村包围城市，最后夺取政权的中国革命正确道路。新中国成立后，在探索社会主义建设道路的进程中，我们党取得了巨大成就，但也经历了严重曲折，根本原因就在于脱离了中国实际。党的十一届三中全会重新恢复和坚持了实事求是的思想路线，一切从实际出发，走自己的路，取得改革开放的伟大成就，中华民族复兴的伟业就像一轮红日喷薄欲出。从成功和失败的经验教训中，中国共产党人深切感悟到把马克思主义基本原理同中国具体实际相结合的极端重要性。

我们党始终重视把马克思主义基本原理同中国具体实际相结合。早在土地革命战争时期，毛泽东同志就已经从思想路线高度论及马克思主义中国化问题。他在 1930 年就明确指出：“马克思主义的‘本本’是要学习的，但是必须同我国的实际情况相结合。”在 1937 年写的《实践论》《矛盾论》中，他科学论证了矛盾的普遍性和特殊性的哲学原理，说明了马克思主义中国化的问题，实质上就是哲学的普遍性与特殊性即共性与个性的辩证关系问题。普遍性寓于特殊性之中，根本不存在离开特殊性的普遍性；普遍性来自特殊性，离开了特殊性，普遍性也就失去了意义，成为抽象的教条。马克思主义中国化，就是运用马克思主义的“普遍”即马克思主义的基本原理，它的世界观和方法论，而不是马克思主义的具体结论，去说明和解决中国的“特殊”问题，形成与中国实际相结合的马克思主义，即中国化的马克思主义。毛泽东同志把这一马克思主义的哲学真谛生动地概括为“实事求是”，这就从党的思想路线高度解决了马克思主义中国化的哲学依据问题。1938 年 10 月，在党的扩大的六届六中全会上，毛泽东同志首次对马克思主义中国化问题作出深刻论述，指出：“马克思主义必须和我国的具体特点相结合并通过一定的民族形式才能实现。马克思列宁主义的伟大力量，就在于它是和各个国家具体的革命实践相联系的。对于中国共产党说来，就是要学会把马克思列宁主义的理论应用于中国的具体的环境……离开中国特点来谈马克思主义，只是抽象的空洞的马克思主义。因此，使马克思主义在中国具体化，使之在其每一表现中带着必须有的中国的特性，即是说，按照中国的特点去应用它，成为全党亟待了解并亟须解决的问题。洋八股必须废止，空洞抽象的调头必须少唱，教条主义必须休息，而代之以新鲜活泼的、为中国老百姓所喜闻乐见的中国作风和中国气派。”在这里，毛泽东同志明确提出了马克思主义中国化的实质、方法和形式问题。改革开放以来，我们党开辟了中国特色社会主义道路，形成了中国特色社会主义理论体系，确立了中国特色社会主义制度，发展了中国特色社会主义文化，都是坚持把马克思主义基本原理同中国具体实际相结合的伟大成果。邓小平同志强调：“只有结合中国实际的马克思主义，才是我们所需要的真正的马克思主义。”他说：“把马克思主义的普遍真理同我国的具体实际结合起来，走自己的道路，建设有中国特色的社会主义，这就是我们总结长期历史经验得出的基本结论。”

习近平总书记高度重视推进马克思主义中国化，反复强调理论创新的重要性，他指出：“马克思主义发展历程、马克思主义中国化发展历程都告诉我们：社会实践是不断发展的，我们的思想认识也必须不断前进，不断根据实践要求进行创新。世界在变化，时代在前进，实践发展永无止境，我们认识真理、不断进行理论和实践创新、不断开创事业新局面的征程也永无止境。”习近平总书记要求全党认真学习马克思主义，掌握马克思主义中国化最新成果，用科学理论武装头脑、指导实践、推动工作。

中国共产党的历史性贡献与马克思主义中国化的历史进程紧密相连。在马克思主义中国化进程中，中国共产党人坚持解放思想与实事求是相统一、培元固本与守正创新相统一，不断回答每一时代的重大课题，创立了毛泽东思想、邓小平理论，形成了“三个代表”重要思想、科学发展观。党的十八大以来，以习近平同志为主要代表的中国共产党人，顺应时代发展，从理论和实践结合上系统回答了新时代坚持和发展什么样的中国特色社会主义、怎样坚持和发展中国特色社会主义这个重大时代课题，创立了习近平新时代中国特色社会主义思想。这一思想，坚持运用辩证唯物主义和历史唯物主义世界观方法论观察世界、引领时代、指导实践，以全新的视野深化了对共产党执政规律、社会主义建设规律、人类社会发展规律的认识，实现了马克思主义中国化的创造性升华，开辟了马克思主义的崭新境界，丰富和发展了马克思主义。

一个根本保证：用中国化马克思主义指导实践

中国共产党成立百年来，之所以能够取得伟大成就，不断开辟马克思主义发展新境界，归根到底，是因为我们党始终坚持科学理论指导，科学回答在具体时代和特殊国情下，如何看待马克思主义、怎样坚持和发展马克思主义这一核心问题。在推进马克思主义中国化的百年光辉历程中，我们党积累了弥足珍贵的经验。

始终坚持马克思主义理论指导和理论武装。恩格斯曾指出，马克思主义政党区别于任何其他政党的根本标志，“就是有一个新的科学的世界观作为理论的基础”。中国共产党自诞生之日起，就将马克思主义写在自己的旗帜上。加强马克思主义理论武装，是我们党的政治优势和优良传统，是党的建设伟大工程的首要任务。建党之初，我们党就清醒地认识到，在旧中国农民、小资产阶级占大多数、工人阶级数量较少的条件下，要建设坚强的马克思主义政党，坚持马克思主义的指导地位，必须对工人阶级及人民群众进行全面、深入、系统、从始至终的理论武装。习近平总书记指出：“回顾党的奋斗历程可以发现，中国共产党之所以能够历经艰难困苦而不断发展壮大，很重要的一个原因就是我们党始终重视思想建党、理论强党，使全党始终保持统一的思想、坚定的意志、协调的行动、强大的战斗力。”

理论武装的重点在党的领导干部。毛泽东同志在抗日战争时期就指出，“在担负主要领导责任的观点上说，如果我们党有一百个至二百个系统地而不是零碎地、实际地而不是空洞地学会了马克思列宁主义的同志，就会大大地提高我们党的战斗力量。”加强党的理论武装，首要的就是用马克思主义中国化最新成果武装全党。当前，就是坚持不懈用习近平新时代中国特色社会主义思想武装全党、教育人民，做到学思用贯通、知信行统一。只有理论上清醒，政治上才能坚定。坚定的理想信念必须建立在对马克思主义的深刻理解之上，建立在对历史规律的深刻把握之上。只有深入学习马克思主义哲学，掌握马克思主义世界观和方法论，提高运用马克思主义立场、观点、方法说明和解决实际问题的能力，才能不断创新发展中国化的马克思主义，并用以指导中国实践。

切实解决好学风问题。学风问题根本是对待马克思主义的态度问题，是从本本出发还是从实际出发的问题。坚持好的学风，至关重要的是解决好理论联系实际的问题，做到有的放矢、学以致用。1942 年 2 月 1 日，毛泽东同志在《整顿党的作风》中形象地说，理论联系实际，就是要用马克思列宁主义之箭去射中国革命之的。理论是箭，实际是靶子。一个人马克思主义学得如何，要看他运用马克思主义的立场、观点和方法来说明和解决实际问题的程度如何。“如果你能应用马克思列宁主义的观点，说明一个两个实际问题，那就要受到称赞，就算有了几分成绩。被你说明的东西越多，越普遍，越深刻，你的成绩就越大。”

中国共产党人选择了马克思主义作为自己的理论指导，就是要用它来指导工作、改造世界。100 年来，党取得的每一次发展和每一个胜利，都是全党坚持理论联系实际的学风、修好马克思主义与中国实际相结合这门功课的结果。党的十八大以来，以习近平同志为核心的党中央自觉继承和弘扬理论联系实际的优良传统，体现了我们党一脉相承而又与时俱进的马克思主义学风。习近平总书记多次强调“空谈误国、实干兴邦”，他指出：“读书是学习，使用也是学习，并且是更重要的学习。”他要求，“弘扬理论联系实际的学风，紧密联系党和国家事业发生的历史性变革，紧密联系中国特色社会主义进入新时代的新实际，紧密联系我国社会主要矛盾的重大变化，紧密联系‘两个一百年’奋斗目标和各项任务，自觉运用理论指导实践，使各方面工作更符合客观规律、科学规律的要求，不断提高新时代坚持和发展中国特色社会主义的能力”。我们要按照总书记的要求，坚决防止主观主义、教条主义和形式主义，坚持一切从实际出发，把党的创新理论运用于经济社会发展各项工作之中，转化为谋划工作的思路、促进发展的举措和改进工作方法的本领。

始终不渝坚持实事求是思想路线。坚持马克思主义与中国实际相结合，说到底，必须坚持实事求是的思想路线。实事求是是马克思主义活的灵魂，是中国化马克思主义的精髓，同时是中国共产党人认识世界、改造世界的根本要求，是我们党的基本思想方法、工作方法、领导方法。不论过去、现在和将来，我们都要坚持实事求是的思想路线，密切联系不断发展的实践，永不脱离实践，不断推进理论创新。实践永无止境，理论创新也永无止境。马克思主义不是僵硬的教条，而是随着时代发展不断丰富发展的。习近平总书记指出：“以史为鉴、开创未来，必须继续推进马克思主义中国化。”“新的征程上，我们必须坚持马克思列宁主义、毛泽东思想、邓小平理论、‘三个代表’重要思想、科学发展观，全面贯彻新时代中国特色社会主义思想，坚持把马克思主义基本原理同中国具体实际相结合、同中华优秀传统文化相结合，用马克思主义观察时代、把握时代、引领时代，继续发展当代中国马克思主义、21世纪马克思主义！”

100年来，马克思主义中国化的伟大进程，为党和人民事业发展提供了既一脉相承又与时俱进的科学理论指导，为增进全党全国各族人民团结统一提供了坚实思想基础。站在“两个一百年”奋斗目标历史交汇点上，我们要从党的百年奋斗史中感悟真理的力量，用马克思主义的真理光芒照耀我们的前行之路，始终不渝坚持马克思主义的指导地位，始终不渝推进马克思主义中国化，不忘初心、牢记使命，在全面建设社会主义现代化国家新征程上不断取得新成就！

（摘编自《求是》2021年第13期）

王伟光

中国社会科学院原院长、中国社会科学院大学教授、南开大学终身教授

张神根：进一步推动马克思主义中国化

一

习近平总书记在庆祝中国共产党成立100周年大会上的重要讲话中庄严宣告，经过全党全国各族人民持续奋斗，我们实现了第一个百年奋斗目标，在中华大地上全面建成了小康社会，历史性地解决了绝对贫困问题，正在意气风发向着全面建成社会主义现代化强国的第二个百年奋斗目标迈进。中华民族伟大复兴迎来了光明前景。回顾中国共产党百年奋斗的光辉历程，回顾近代以来中华民族为实现伟大复兴所取得的伟大成就，习近平总书记指出，中国共产党为什么能，中国特色社会主义为什么好，归根到底是因为马克思主义行！

百年奋斗不断推进马克思主义中国化

一个民族要想站在科学的最高峰，就一刻也不能没有理论思维。中华民族要实现伟大复兴，同样一刻也不能没有理论思维。马克思主义是我们立党立国的根本指导思想，是我们党的灵魂和旗帜，是我们认识世界、把握规律、追求真理、改造世界的强大思想武器。中国共产党坚持马克思主义基本原理，坚持实事求是，从中国实际出发，洞察时代大势，把握历史主动，进行艰辛探索，不断推进马克思主义中国化时代化，指导中国人民不断推进伟大社会革命。

近代以来的历史说明，没有先进理论的指导，没有能够领导中国社会变革的新的社会力量，中国革命不会成功。十月革命一声炮响，给中国送来了马克思列宁主义。中国共产党应运而生。从登上政治舞台的那一刻起，我们党就坚持马克思主义立场观点方法，始终不渝为中国人民谋幸福、为中华民族谋复兴。从此，中国人民开始从精神上由被动转为主动，中华民族开始艰难地但不可逆转地走向伟大复兴。

在领导革命、建设和改革的过程中，如何将马克思主义与中国具体实际相结合，我们党进行了持续不懈的探索。毛泽东同志提出，“马列主义的基本原理在实践中的表现形式，各国应有所不同。在中国，马列主义的基本原理要和中国的革命实际相结合”。邓小平同志提出，“把马克思主义的普遍真理同我国的具体实际结合起来，走自己的道路，建设有中国特色的社会主义”。江泽民同志提出，“继承是创新的前提，创新是最好的继承。只有坚持这样做，理论才能真正顺应时代和实践的呼唤，实现与时俱进的要求”。胡锦涛同志提出，在坚持和发展中国特色社会主义中，要“在坚持马克思主义基本原理的前提下，以实践创新为基础，以理论创新为先导，使两方面紧密结合、相互促进，推动我们的事业和马克思主义理论不断向前发展”。

党的十八大以来，以习近平同志为核心的党中央，提出“要以科学的态度对待科学，以真理的精神追求真理，不断赋予马克思主义以新的时代内涵”；要“坚持理论联系实际，及时回答时代之问、人民之问，廓清困扰和束缚实践发展的思想迷雾，不断推进马克思主义中国化时代化大众化，不断开辟马克思主义发展新境界”。

马克思主义中国化是一个重大命题，提出这个命题就需要很大勇气、面临巨大压力和考验。产生理论成果，指导革命、建设和改革取得成功就更不容易。中国共产党人做到了这一点。

马克思主义中国化取得丰硕成果

我们党的历史，就是一部不断推进马克思主义中国化的历史，就是一部不断推进理论创新、进行理论创造的历史。

1921 年中国共产党的成立，使中国人民有了前进的主心骨。然而，在一个半殖民地半封建的东方大国，选择一条什么样的道路才能把中国革命引向胜利成为首要问题。年轻的中国共产党，一度简单套用马克思列宁主义关于无产阶级革命的一般原理和照搬俄国十月革命城市武装起义的经验，导致中国革命遭受严重挫折。从革命斗争的失误教训中，以毛泽东同志为主要代表的中国共产党人深刻认识到，不能以教条主义的观点对待马克思列宁主义，必须从中国实际出发，实现马克思主义中国化。通过不懈探索，中国共产党人创造性地开辟了以农村包围城市、武装夺取政权的革命道路。经过 28 年浴血奋战，我们党带领人民在战胜日本帝国主义侵略后，经过人民解放战争，推翻了三座大山，取得了新民主主义革命的胜利，实现了几代中国人梦寐以求的民族独立和人民解放。

新中国成立后，以毛泽东同志为主要代表的中国共产党人带领人民，在迅速医治战争创伤、恢复国民经济的基础上，不失时机提出了过渡时期总路线，创造性地完成了由新民主主义革命向社会主义革命的转变，使中国这个占世界 1/4 人口的东方大国进入了社会主义社会，成功实现了中国历史上最深刻最伟大的社会变革。在长期斗争实践中，以毛泽东同志为主要代表的中国共产党人，把马克思列宁主义的基本原理同中国革命的具体实践结合起来，创立了毛泽东思想。毛泽东思想以独创性理论丰富和发展了马克思列宁主义，是马克思主义中国化第一个理论成果。

党的十一届三中全会后，以邓小平同志为主要代表的中国共产党人，科学评价毛泽东同志和毛泽东思想，彻底否定"以阶级斗争为纲"的错误理论和实践，深刻总结新中国成立以来正反两方面的经验，借鉴世界社会主义历史经验，创立了邓小平理论，作出把党和国家工作中心转移到经济建设上来、实行改革开放的历史性决策，深刻揭示了社会主义本质，确立社会主义初级阶段基本路线，提出走自己的路、建设中国特色社会主义，科学回答了建设中国特色社会主义的一系列基本问题，成功开创了中国特色社会主义，成功开启了马克思主义中国化的新进程。

党的十三届四中全会以后，国际形势风云变幻，特别是20世纪80年代末90年代初，东欧剧变、苏联解体，我们党和国家处在决定前途命运的重大历史关头。以江泽民同志为主要代表的中国共产党人，加深了对什么是社会主义、怎样建设社会主义和建设什么样的党、怎样建设党的认识，形成了"三个代表"重要思想，在国内外形势十分复杂、世界社会主义出现严重曲折的严峻考验面前捍卫了中国特色社会主义，确立了社会主义市场经济体制的改革目标和基本框架，确立了社会主义初级阶段的基本经济制度和分配制度，开创全面改革开放新局面，推进党的建设新的伟大工程，成功把中国特色社会主义推向21世纪。

进入新世纪新阶段，国际格局加速演变，综合国力竞争空前激烈。面对世情、国情、党情深刻变化，党的十六大以后，以胡锦涛同志为主要代表的中国共产党人，坚持以邓小平理论和“三个代表”重要思想为指导，根据新的发展要求，深刻认识和回答了新形势下实现什么样的发展、怎样发展等重大问题，形成了科学发展观，强调坚持以人为本、全面协调可持续发展，形成中国特色社会主义事业总体布局，着力保障和改善民生，促进社会公平正义，推动建设和谐世界，推进党的执政能力建设和先进性建设，成功在新的起点上坚持和发展了中国特色社会主义。

实现中华民族伟大复兴要进一步推动马克思主义中国化

进入 21 世纪第二个十年后，我国处于实现中华民族伟大复兴的关键时期，国家经济实力、科技实力、国防实力、综合国力、国际影响力显著提升。我们具备过去难以想象的良好发展条件，但也面临着各种可以预见和难以预见的困难和问题。

面对前所未有的机遇和挑战，党的十八大以来，以习近平同志主要代表的中国共产党人，顺应时代发展，从理论和实践结合上系统回答了新时代坚持和发展什么样的中国特色社会主义、怎样坚持和发展中国特色社会主义这个重大时代课题，创立了习近平新时代中国特色社会主义思想，统筹推进“五位一体”总体布局，协调推进“四个全面”战略布局，加强党的全面领导，坚持和完善中国特色社会主义制度，推进国家治理体系和治理能力现代化，着力提升人民群众获得感、幸福感、安全感，解决了许多长期想解决而没有解决的难题，办成了许多过去想办而没有办成的大事，推动党和国家事业取得历史性成就、发生历史性变革。党的面貌、国家的面貌、人民的面貌、军队的面貌、中华民族的面貌发生了前所未有的变化，近代以来久经磨难的中华民族迎来了从站起来、富起来到强起来的伟大飞跃，迎来了实现中华民族伟大复兴的光明前景。

理论实现的程度总是取决于满足需要的程度。回顾过去，中国共产党领导中国革命、建设和改革事业不断取得进步，就在于推进马克思主义中国化取得一个个重大理论成果。展望未来，要建设社会主义现代化强国、实现中华民族伟大复兴，必须继续推进马克思主义中国化实现新的更大发展。我们必须坚持把马克思主义基本原理同中国实际相结合、同中华优秀传统文化相结合，用马克思主义观察时代、把握时代、引领时代，继续发展当代中国马克思主义、21 世纪马克思主义，为实现中华民族伟大复兴不懈奋斗。

（摘编自《南京日报》2021 年 7 月 21 日）

张神根

中共中央党史和文献研究院第四研究部主任

全国党的建设研究会：不断推进党的建设新的伟大工程

—

在庆祝中国共产党成立100周年大会上，习近平总书记强调：“以史为鉴、开创未来，必须不断推进党的建设新的伟大工程。”中国共产党成立100年来，团结带领中国人民不懈奋斗、砥砺前行，中华民族迎来了从站起来、富起来到强起来的伟大飞跃。在这一历史进程中，我们党坚持以党的自我革命引领伟大社会革命，坚持不懈加强自身建设，始终保持先进性和纯洁性，充分发挥坚强领导核心作用，党的创造力、凝聚力、战斗力不断增强。在庆祝党的百年华诞之际，深情回望党的建设卓著成就，深刻总结党的建设宝贵经验，对于不断推进党的建设新的伟大工程和党领导的伟大事业，具有重要意义。

百年来党的建设取得卓著成就

习近平总书记指出：“我们党历经千锤百炼而朝气蓬勃，一个很重要的原因就是我们始终坚持党要管党、全面从严治党，不断应对好自身在各个历史时期面临的风险考验，确保我们党在世界形势深刻变化的历史进程中始终走在时代前列，在应对国内外各种风险挑战的历史进程中始终成为全国人民的主心骨！”100年来，党的建设水平不断提高，取得的成就辉煌卓著、举世瞩目。

马克思主义中国化理论成果丰硕，全党马克思主义理论水平不断提高。中国共产党是在马克思主义指导下建立起来的，马克思主义始终是党的根本指导思想。我们党深刻认识到，必须把马克思主义基本原理同中国具体实际相结合，不断推进马克思主义中国化。100年来，我们党坚持解放思想和实事求是相统一、培元固本和守正创新相统一，不断开辟马克思主义新境界，创立了毛泽东思想、邓小平理论，形成了“三个代表”重要思想、科学发展观，创立了习近平新时代中国特色社会主义思想，为党和人民事业发展提供了科学理论指导。马克思主义中国化的这些重大成果，都被及时写入党章，成为我们党的指导思想，在中国革命、建设、改革的实践中发挥了科学指导作用。与此同时，我们党始终坚持用中国化的马克思主义武装全党，自觉把理论与实践结合起来，把改造客观世界与改造主观世界统一起来。通过整党整风、集中性教育、经常性学习等举措，着力提高党员干部理论修养和运用理论解决实际问题的能力。党的十八大以来，全党认真学习贯彻习近平总书记关于思想建党、理论强党的一系列重要论述，党的思想理论建设迈出重要步伐。

始终不渝坚定共产主义远大理想和中国特色社会主义共同理想，凝聚起为党的事业团结奋斗的强大精神力量。我们党是具有崇高理想和革命精神的马克思主义政党，自成立之日起就把实现共产主义作为最高理想和最终目标。每名共产党员在入党的时候，都宣誓为实现共产主义奋斗终身。无数共产党员胸怀崇高理想，出生入死、浴血奋战、苦干实干、无私奉献，许多人甚至献出了宝贵生命。井冈山的常青松柏、长征途中的雪山草地、延安窑洞不熄的油灯、大庆油田为国家献出的滚滚石油、西北大漠升腾起的第一朵“蘑菇云”、汶川抗震救灾和抗击新冠肺炎疫情第一线的一面面党旗……这一切都记载着崇高理想的光彩诗篇，唱响着优良传统的高亢赞歌，闪耀着革命精神的熠熠光芒。党的十八大以来，习近平总书记反复强调坚定理想信念，要求广大党员干部“筑牢信仰之基、补足精神之钙、把稳思想之舵”，“进一步发扬革命精神，始终保持艰苦奋斗的昂扬精神”。通过深入开展“不忘初心、牢记使命”主题教育等党内集中教育，广大党员干部进一步坚定了共产主义远大理想和中国特色社会主义共同理想，为进行伟大斗争、建设伟大工程、推进伟大事业、实现伟大梦想提供了有力精神支撑。

高度重视从政治上建设党，保证全党服从中央，维护党中央权威和集中统一领导。旗帜鲜明讲政治，是中国共产党的鲜明特征和政治优势。我们党从成立之日起就高度重视从政治上建设党，把保证全党服从中央、维护党中央权威和集中统一领导作为党的政治建设的首要任务。党的十八大以来，在以习近平同志为核心的党中央领导下，党的政治建设得到全面加强，被纳入党的建设总体布局并摆在首位，明确了政治建设在党的建设中的统领地位。党内政治生活的政治性、时代性、原则性、战斗性显著增强，政治纪律和政治规矩更加严明，广大党员干部政治信仰更加坚定，政治意识、大局意识、核心意识、看齐意识不断强化，政治判断力、政治领悟力、政治执行力不断提高，做到“两个维护”更加自觉。可以说，加强党的政治建设是贯穿我们党百年奋斗历程的一条主线，决定着党的建设的方向和效果，使我们党始终保持马克思主义政党的政治本色。

探索并坚持实现中华民族伟大复兴的正确道路，党的领导水平和执政能力不断提高。中国共产党自成立之日起，就义无反顾肩负起实现中华民族伟大复兴的历史使命，成为中国人民的主心骨，发挥着坚强领导核心作用。100 年来，我们党紧密结合中国国情，运用中国化的马克思主义，解决了中国革命、建设、改革中的一系列重大理论和现实问题。为取得新民主主义革命的胜利，开辟了农村包围城市、武装夺取政权的正确革命道路，带领中国人民推翻了“三座大山”，建立了新中国；在迅速医治战争创伤、恢复国民经济的基础上，制定了过渡时期总路线，确立了社会主义基本制度，社会主义建设在探索中取得伟大成就；在改革开放新时期，开辟了中国特色社会主义道路，制定了党在社会主义初级阶段的基本路线和一系列改革开放的重大方针政策，推动社会主义现代化建设不断取得新成就。中国特色社会主义进入新时代，我们党深刻认识到我国社会主要矛盾的转变，进一步明确提出新时代党的历史使命，擘画实现中华民族伟大复兴中国梦的战略目标，提出坚持和发展中国特色社会主义的总体布局、战略布局和基本方略，完善各领域的方针政策，引领社会主义现代化航船乘风破浪、扬帆远航。在领导中国革命、建设、改革的伟大实践中，党的领导水平和执政能力不断提高，领导方法和执政方式不断改进。与此同时，我们党突出强调坚持和加强党的全面领导，坚持科学执政、民主执政、依法执政，党的领导制度进一步完善，确保党始终成为中国特色社会主义事业的坚强领导核心。

牢记为中国人民谋幸福、为中华民族谋复兴的初心和使命，以优良作风赢得广大人民群众拥护和支持。中国共产党自成立之日起，就把为中国人民谋幸福、为中华民族谋复兴作为自己的初心和使命。100 年来，我们党矢志践行初心使命，坚持全心全意为人民服务，努力实现好、维护好、发展好最广大人民根本利益。在长期为人民利益奋斗的实践中，我们党形成并发扬理论联系实际、密切联系群众、批评和自我批评等一系列优良作风，不断加强党的作风建设，同各种背离党的宗旨的不正之风作坚决斗争。党的十八大以来，以习近平同志为核心的党中央把解决“四风”等作风问题作为全面从严治党的切入点和突破口，以刀刃向内的自我革命精神整治各种不正之风，大力倡导和弘扬党的优良作风，党内形成了风清气正的政治生态。在脱贫攻坚的主战场、在抢险救灾的第一线、在抗击疫情的战斗中，广大党员干部冲锋在前、舍生忘死，展现了新时代中国共产党人的崭新精神风貌。

党员干部队伍不断发展壮大、素质不断提高，充分发挥了党的组织体系的强大功能和作用。党的力量来自组织。我们党自成立之日起，就把组织建设作为党的建设的重要基础。从革命战争年代提出并坚持“支部建在连上”、积极壮大党员队伍，到新中国成立后提出“为更高的共产党员的条件而斗争”、建设适应社会主义建设需要的干部队伍，再到改革开放新时期提出并坚持干部队伍革命化、年轻化、知识化、专业化方针，加强各领域基层党组织建设，党员干部队伍素质不断提高，为实现党的使命任务提供了坚强组织保证。党的十八大以来，习近平总书记提出新时代党的组织路线，为建设坚强有力的组织体系提供了根本遵循，同时提出新时期好干部标准，强调建设高素质专业化干部队伍；提出以提升组织力为重点，突出政治功能，推动基层党组织全面进步、全面过硬；提出把党员管住管好，使每名党员都成为一面鲜红的旗帜，在改革发展稳定中充分发挥先锋模范作用；等等。按照以习近平同志为核心的党中央的部署要求，党的组织建设全面加强，党的组织体系的强大优势充分彰显。从1921年建党时的50多名党员，到1949年新中国成立时的448.8万名党员，再到2021年6月5日的9514.8万名党员，党的队伍不断发展壮大。工人、农民、知识分子、军人以及新社会阶层中的大批优秀分子源源不断加入党组织，党员队伍结构不断优化。党性教育不断推进，党员素质普遍提高，涌现出一大批优秀共产党员和党的干部，成为全党、全国人民的学习榜样。

坚持和健全民主集中制，制度治党、依规治党水平不断提高。在革命战争年代，我们党强调坚持民主集中制原则，克服了极端民主化、自由主义、山头主义等错误倾向，纠正了不讲民主、独断专行的“家长制”作风。新中国成立后，我们党成功将民主集中制运用于国家政权建设，强调各级政权机关一律实行民主集中制，并将其作为国家的根本组织制度和领导制度写入宪法。改革开放后，我们党明确提出制度问题更带有根本性、全局性、稳定性、长期性，作出了《关于加强党的建设几个重大问题的决定》，制定出台了党员权利保障条例、地方和基层党组织选举制度、党内监督制度等一系列法规文件。党的十八大以来，以习近平同志为核心的党中央高度重视制度建设，制定出台了 210 多部中央党内法规，党的制度体系日益健全，党的制度建设迈出新的重要步伐。

继续推进新时代党的建设新的伟大工程

习近平总书记指出：“新的征程上，我们要牢记打铁必须自身硬的道理，增强全面从严治党永远在路上的政治自觉，以党的政治建设为统领，继续推进新时代党的建设新的伟大工程，不断严密党的组织体系，着力建设德才兼备的高素质干部队伍，坚定不移推进党风廉政建设和反腐败斗争，坚决清除一切损害党的先进性和纯洁性的因素，清除一切侵蚀党的健康肌体的病毒，确保党不变质、不变色、不变味，确保党在新时代坚持和发展中国特色社会主义的历史进程中始终成为坚强领导核心！”

习近平总书记的重要论述，为继续推进新时代党的建设新的伟大工程提供了根本遵循。

坚持以马克思主义中国化最新成果为指导。100年来，我们党坚持不懈用党的创新理论成果武装全党，为推进党领导的伟大事业、加强党的自身建设提供理论指引和精神支撑，确保党的事业和党的建设始终沿着正确方向前进。在新时代，要坚持用习近平新时代中国特色社会主义思想武装头脑、指导实践、推动工作，不断提高全党的思想理论水平，充分发挥思想建党、理论强党的强大优势，保持全党思想上的团结统一，不断开创新时代党的建设新局面。

紧紧围绕党领导的伟大事业加强党的建设。围绕党领导的伟大事业加强党的建设，是百年来党的建设的一项基本原则，保证了党在不同历史时期使命任务的完成。在新时代，要紧紧围绕坚持和发展中国特色社会主义事业、实现中华民族伟大复兴中国梦来谋划、部署、推进党的建设，进一步提升党的组织力、凝聚力、号召力，把各方面力量汇聚起来，把全党和广大人民群众的积极性、主动性、创造性充分调动起来，不断夺取中国特色社会主义事业新胜利。

坚持党的根本宗旨。人民群众是我们党的力量之源。坚持全心全意为人民服务的根本宗旨，始终坚守人民立场，把人民对美好生活的向往作为奋斗目标，是我们党始终得到人民群众的拥护和支持、永远立于不败之地的重要前提。在新时代，要坚持以人民为中心的发展思想，把人民放在心中最高位置，带着“老百姓是天、老百姓是地”的深厚感情，在更高的起点上满足人民对美好生活的向往，始终保持党同人民群众的血肉联系，不断夯实党执政的群众基础。

把坚持和加强党的全面领导作为党的建设的根本原则。坚持和加强党的全面领导，是重大政治原则，也是党实现历史使命的必然要求。在新时代，要紧紧围绕坚持和加强党的全面领导加强党的建设，不断提高党的领导水平和执政能力，充分发挥党总揽全局、协调各方的作用，确保党的路线方针政策和党中央重大决策部署贯彻落实到位，确保党始终成为中国特色社会主义事业的坚强领导核心。

把党的政治建设作为党的根本性建设。党的政治建设处于党的建设的首要位置。必须始终把“两个维护”作为党的政治建设的首要任务，把制定和贯彻执行正确的政治路线作为党的政治建设的关键环节，把严明政治纪律和政治规矩作为党的政治建设的基本要求。在新时代，要切实加强党的政治建设，坚决维护习近平总书记党中央的核心、全党的核心地位，坚决维护党中央权威和集中统一领导，形成积极健康的党内政治生活、保证全党的团结统一，不断增强党的创造力凝聚力战斗力。

大力弘扬自我革命精神，坚持党要管党、全面从严治党。勇于自我革命，是我们党最鲜明的品格，也是我们党最大的优势。党的事业发展和党的建设没有止境，从严管党治党也没有止境。在新时代，要进一步推进伟大自我革命，把党要管党、全面从严治党体现到党的建设各个层级、各个领域，不断增强我们党自我净化、自我完善、自我革新、自我提高能力，有效解决党的建设中存在的突出问题，始终保持党的先进性和纯洁性。

坚持继承优良传统与改革创新相统一。党的优良传统是党的宝贵财富，是党的建设的丰富营养。改革创新是党的建设的活力之源，是党与时俱进的强大动力。在新时代，我们既要继承弘扬党的优良传统，守护好共产党人的精神家园，又要大力弘扬改革创新精神，不断推进党的建设理论创新、实践创新、制度创新，使党不断焕发新的生机活力，始终走在时代前列。

从建党的开天辟地，到新中国成立的改天换地，到改革开放的翻天覆地，再到党的十八大以来党和国家事业取得历史性成就、发生历史性变革，中国共产党写下了彪炳史册的壮丽篇章，展现了世界第一大党的光辉形象。在新的历史起点上，我们要总结好、传承好、发扬好党的建设的宝贵经验，坚决贯彻落实习近平总书记关于党的建设和组织工作的重要思想，守正创新、开拓进取，不断开创新时代党的建设新境界，把党的建设新的伟大工程继续推向前进。

（摘编自《人民日报》2021 年 7 月 5 日）

邱耕田：中国的一切发展成就都是在党的领导下取得的

习近平总书记在庆祝中国共产党成立 100 周年大会上指出："一百年来，中国共产党团结带领中国人民，以'为有牺牲多壮志，敢教日月换新天'的大无畏气概，书写了中华民族几千年历史上最恢宏的史诗。这一百年来开辟的伟大道路、创造的伟大事业、取得的伟大成就，必将载入中华民族发展史册、人类文明发展史册！"这是一个蓬勃发展的时代，中国在发展中不断创造奇迹。我国成为并稳居世界第二大经济体，自 2008 年国际金融危机以来，我国经济增长对世界经济增长的贡献率年均在 30% 以上；我们组织实施了人类历史上规模空前、力度最大、惠及人口最多的脱贫攻坚战，使 7 亿多人摆脱了贫困；我国全面建成了小康社会，实现了第一个百年奋斗目标，中华民族伟大复兴向前迈出了新的一大步。这一切都充分表明，我国可以说是当今世界在发展方面成绩最为显著的国家之一，我们变成了世界发展的推进者、并肩者甚至引领者。

办好中国的事情，关键在党

中国在发展中取得的巨大成功有什么秘诀吗？我国之所以创造了世

所罕见的经济快速发展和社会长期稳定的两大奇迹，关键因素就是中国共产党的坚强领导，在党的全面领导下民生福祉不断增长。

习近平总书记指出："中国共产党的领导是中国特色社会主义最本质的特征。没有共产党，就没有新中国，就没有新中国的繁荣富强。坚持中国共产党这一坚强领导核心，是中华民族的命运所系。"可见，在中国发展及其成功的背后存在一个政党因素或政党逻辑。逻辑是一种关系，这种逻辑深刻揭示了党的领导和中国发展及其所取得的伟大成就之间的本质联系。

就中国发展的主体结构来看，存在着两种主体、两种力量：一是领导主体、领导力量，一是基础主体、主导力量。其中，中国共产党是领导主体和力量，中国人民是推动中国发展的基础主体和主导力量。一方面，中国的发展离不开党的领导。中国要实现什么样的发展、中国发展得怎么样，关键在党。我们党在指导中国发展的实践中，与时俱进地解决了三个方面的基本问题：为什么要发展、实现什么样的发展、如何实现发展的问题，从而结合时代发展和中国国情，形成了关于中国发展的科学的理论逻辑。中国人民正是在中国共产党的领导下，才取得了一系列伟大的发展成就。另一方面，中国的发展及其取得的巨大成就又在充分检验、证明和支持着我们的党。我们党通过发展实现着自己的初心和使命，通过发展及其取得的巨大成就赢得民心民意。发展把中国变得强大，我们党在领导发展中也变得强大；发展赋予了中华民族崛起于世界民族之林的实力和自信，发展及其成功更加夯实了我们党执政的合法性基础，检验和证明着我们党的伟大光荣，为我们党长期执政提供着动力和支持。总之，中国的发展及其取得的一系列成就，是我们衷心拥护中国共产党的根本原因。

党在领导中国发展方面作出重大贡献

在领导中国发展的实践中，我们党坚持实事求是的原则，创造性地作出了五个方面的重大贡献。

第一，在发展的作用问题上，确立了发展的本体性地位。发展的本体性是对发展是时代主题的确认，是对发展是新时期党和国家全部工作之中心的揭示。本体性反映的是中国发展的必要性、重要性即至上性的问题。我们党一直在强调这种发展的至上性，“发展才是硬道理”，“发展是解决一切问题的总钥匙”，“发展是党执政兴国的第一要务，是解决我国一切问题的基础和关键”等论断，就是对发展本体地位的揭示与强调。

第二，在发展的价值观问题上，确立了以人民为中心的发展思想，为中国发展指明了正确的价值方向。以人民为中心的发展思想体现了我们党全心全意为人民服务的根本宗旨，体现了人民是推动发展的根本力量的唯物史观，表达了发展为了人民、发展依靠人民、发展的成果要由人民共享、发展的效果要由人民说了算的认知和要求。

第三，在发展的动力问题上，揭示了中国发展的根本动力，为中国发展指明了基本的实践方法。我们党在坚持发展的人民性的基础上，着眼于从广大人民的需要与社会生产或社会发展之间的关系维度来把握社会发展的根本动力问题，揭示了人民群众需要的变化性、社会生产或社会发展的落后性缺陷性的问题，而这一关系的涨落结构所产生的激励效应就构成了中国社会发展的根本动力。为了要解决这一社会主要矛盾，我们就要通过改革创新等实践方式来克服在社会生产或社会发展方面的落后性或缺陷性问题。

第四，在中国发展与世界发展的关系问题上，揭示了中国发展的特殊性和普遍性的统一，既强调中国发展的鲜明道路逻辑，又强调中国发展的世界历史意义。一方面，中国的发展，关键在于中国人民在中国共产党领导下，走出了一条适合中国国情的发展道路。这是一条中国特色社会主义的发展之路，体现了中国发展鲜明的“道路逻辑”。这一逻辑的主要特征就是具有独立自主性，它坚持中国的事情必须由中国人民自己作主张、自己来处理。另一方面，中国的发展是整个人类发展的重要组成部分。我们党从人类发展的角度定位和指导中国的发展，在坚持中国特色的同时，揭示了当今世界和平、发展、合作、共赢的时代潮流，倡导建立以合作共赢为核心的新型国际关系，阐述了中国方案是构建人类命运共同体，实现共赢共享，郑重承诺“中国的发展绝不以牺牲别国利益为代价，我们绝不做损人利己、以邻为壑的事情”，彰显了中国发展之于世界和平、人类共同发展的巨大正能量意义。

第五，在发展的方法论问题上，确立了实现中国科学发展的基本方法。我们党根据唯物辩证法的两点论与重点论相统一的原理，确立了符合中国国情并能实现中国科学发展的基本方法，这就是既强调中心、重点，又兼顾非中心、非重点。坚持“两点论”和“重点论”的统一，善于厘清主要矛盾和次要矛盾、矛盾的主要方面和次要方面，区分轻重缓急，在兼顾一般的同时紧紧抓住主要矛盾和矛盾的主要方面，以重点突破带动整体推进，在整体推进中实现重点突破。这样一种既抓主要又抓次要的做法，实际上就是统筹兼顾发展方法的运用，体现着一种系统观念的要求和整体性发展的趋向。

以发展实现人民对美好生活的追求

中国的发展，如同一艘航行在汪洋大海中的巨轮。正是在党和人民的血肉联系和齐心协力下，中国这艘巨轮才能高歌远航、破浪前行。党对中国发展的领导，是通过中国人民这一主导力量实现的。因为人民是我们党执政的最深厚基础和最大底气。党的领导的关键，就在于要把广大人民组织调动起来，从而形成一股万众一心、势不可当的实现中国发展的磅礴力量。这种力量主要表现为在中国共产党的带领下，中国人民在发展实践中所生成的共识、共行、共利、共情的认知判断、价值取向和实践行动，充分体现了我国社会主义制度集中力量办大事的巨大优势。

共识是广大人民高度认可和积极追求发展的集体意识。发展是时代的主题，这种共识是实现中国发展的重要理念基础，是全国人民积极追求发展的精神自觉。共行是指全国人民在发展方面的共同的集体行动，是把关于发展的共识变成现实结果的大众化的实践途径。中国的发展成就，是中国人民几十年含辛茹苦、流血流汗干出来的。中国人民深知，世界上没有免费的午餐，想发展就要靠自己苦干实干，不能寄托于别人的恩赐。共行要求我们在发展中既不走封闭僵化的老路，也不走改旗易帜的邪路，更不允许在根本性问题上犯颠覆性的错误。只有一种既统一又良性的合力才能实现我们的奋斗目标。共利表达的是中国发展的价值趋向问题。中华民族是一个命运共同体，全体中国人民有着共同的根本利益，共利的客观存在要求我们在发展中要确立共利原则，即要实现全体人民的利益，促进每个人的全面发展。当然，这种共利既是指人与人之间的，又是指人与自然之间的。坚持共利原则要求反对发展中的化公为私、相互伤害、损人利己或损自然以利人的现象。在国际社会，共利原则要求实现和追求世界各国的共同发展，反对以邻为壑、零和博弈的做法。所谓共情，是指中国发展满足了中国人民的需要、实现了中国人民的利益，使中国人民在发展中不断拥有获得感、幸福感和安全感，中国人民自然会对发展抱有满意、肯定、认可等态度，进而对指导中国发展的中国共产党生发出拥护、支持、热爱等的情感表现。长期以来，我们党一直都注重培养和激发广大人民的发展热情。新时期特别是新时代以来，我们党对社会主要矛盾的把握和调整、对民生工作的重视、对美好发展目标的设定以及对美丽中国、健康中国、平安中国等的追求，都是力争在广大人民拥有获得感、幸福感和安全感的基础上培养人民群众的情感支持，并通过这种情感认同机制激发调动他们参与发展的积极性。而正是在由穷变富、由弱变强的发展过程中，中国人民才由衷地共情着这个蓬勃奋进的时代、这个庇护着我们幸福和安全的国度、这个视人民为江山并带领我们创造美好生活的中国共产党。

（摘编自《学习时报》2021 年 7 月 5 日）

邱耕田

中共中央党校（国家行政学院）马克思主义学院马克思主义发展史研究所所长、教授

曹应旺：坚持“两个相结合”走自己的路

—

习近平总书记在庆祝中国共产党成立100周年大会上的讲话中提出的“九个必须”，是一个紧密联系相互贯通的系统，对以史为鉴、开创未来有着重大而深远的指导意义。其中，在阐述必须继续推进马克思主义中国化时，习近平总书记强调了“两个相结合”，即“坚持把马克思主义基本原理同中国具体实际相结合、同中华优秀传统文化相结合”。在阐述必须坚持和发展中国特色社会主义时，习近平总书记强调“走自己的路，是党的全部理论和实践立足点，更是党百年奋斗得出的历史结论”。这分别从指导思想与方向道路上阐明了普遍性与特殊性相联结的重大理论问题。

习近平总书记指出：“中国共产党为什么能，中国特色社会主义为什么好，归根到底是因为马克思主义行！”这个马克思主义，从文本上说，是马克思主义的基本原理；从实践指导上说，是马克思主义基本原理同中国具体实际相结合，并随着实践的发展而发展的马克思主义；从民族语言上说，是马克思主义基本原理同中华优秀传统文化相结合表达出来的马克思主义。中国共产党的领袖都高度重视学习和掌握马克思主义基本原理；高度重视马克思主义基本原理同中国具体实际相结合，同中华优秀传统文化相结合；高度重视走中国自己的道路。

革命建设年代我们党对“两个相结合”走自己的路的开拓

毛泽东同志许多著作的写作都经过了阅读马列著作的过程。他说，“《共产党宣言》，我看了不下一百遍，遇到问题，我就翻阅马克思的《共产党宣言》。”“我写《新民主主义论》时，《共产党宣言》就翻阅过多少次。”

毛泽东同志特别反对只会背诵马列著作的词句，不知道联系中国实际；特别反对只会言必称希腊，不知道说中国人听得懂的中国话；特别反对只会津津乐道俄国革命的道路，却对中国革命的道路一窍不通。早在1930年，他就指出：“马克思主义的‘本本’是要学习的，但是必须同我国的实际情况相结合。我们需要‘本本’，但是一定要纠正脱离实际的本本主义。”与教条主义相反，他提出走中国自己的道路，“中国革命斗争的胜利要靠中国同志了解中国情况”。到陕北后，毛泽东同志反复强调，“马克思主义的最本质的东西，马克思主义的活的灵魂，就在于具体地分析具体的情况”。而教条主义者恰恰是忘记了这一点，总是脱离具体实际抽象地谈论马克思主义。这正是造成土地革命战争失败的指导思想上的原因。毛泽东同志在《中国革命战争的战略问题》中提出，研究中国革命战争“应该着眼其特点和着眼其发展”。他在《矛盾论》中提出，教条主义者“不了解矛盾的普遍性即寓于矛盾的特殊性之中”。这些是毛泽东同志提出走农村包围城市武装夺取政权的中国革命道路的军事路线和哲学路线的基础，表明农民占全国人口80%以上的中国，决不能走俄国那样的城市武装暴动的道路。新中国成立后，毛泽东同志重视马克思主义普遍原理同中国具体实际相结合，用赎买的办法改造中国资本主义工商业，使社会主义改造取得了成功；用重视发展农业、轻工业的办法发展重工业，为探索社会主义建设积累了宝贵经验。

要让大家都能理解马克思主义同中国具体实际相结合的理论，都能理解走中国自己的路的思想，就必须接地气，用通俗的中国话、中华优秀传统文化去表达。这就是马克思主义中国化不仅要把马克思主义同中国具体实际相结合，在表达上还要将马克思主义同中华优秀传统文化相结合。毛泽东同志在党的六届六中全会上，号召学习研究马克思主义理论，学习研究我们民族的历史文化，学习研究当前运动的实际问题，实际上提出了“两个相结合”。他说：“马克思主义必须和我国的具体特点相结合并通过一定的民族形式才能实现。”毛泽东同志用中华优秀传统文化的“实事求是”，表达了中国人民喜闻乐见的马克思主义的思想路线；用中华优秀传统文化的“愚公移山”，表达了中国人民喜闻乐见的马克思主义的奋斗精神；将中华优秀传统文化中的“高筑墙，广积粮，缓称王”改为“深挖洞，广积粮，不称霸”，表达了马克思主义的备战备荒为人民和反对霸权主义的思想。像这样将马克思主义与中华优秀传统文化相结合的例子，在毛泽东同志的著作里可以举出很多。

坚持“两个相结合”走自己的路，这是中国共产党浴血奋战、百折不挠，创造新民主主义革命的伟大成就，自力更生、发愤图强，创造社会主义革命和建设的伟大成就的基本经验之一。

改革开放以来我们党对“两个相结合”走自己的路的继承发展

在党的十二大开幕词中，邓小平同志指出：“把马克思主义的普遍真理同我国的具体实际结合起来，走自己的道路，建设有中国特色的社会主义，这就是我们总结长期历史经验得出的基本结论。”这掷地有声、影响深远的话语有四层意思。其一，我们的指导思想是马克思主义的普遍真理同中国的具体实际结合起来的中国化的马克思主义。其二，我们的道路和方向是走自己的道路，建设中国特色社会主义。其三，我们的指导思想与我们的道路和方向都体现了马克思主义辩证法的精髓，体现了特殊性与普遍性的辩证统一。其四，我们的指导思想与我们的道路和方向是对中国革命和建设的传统的继承和发展。

邓小平同志成为中国特色社会主义的开创者，一个重要原因就是邓小平同志像毛泽东同志多次称赞的那样按辩证法办事。中国特色社会主义的命题是特殊性与普遍性的辩证统一。沿着邓小平同志形成的“计划和市场都是方法”的思路，由江泽民同志提出的“社会主义市场经济”，又把社会主义性质的特殊性与市场经济的普遍性辩证统一起来。在胡锦涛同志引领下完善社会主义市场经济体制，党对在社会主义条件下发展市场经济的认识进一步深化，把握和运用市场经济规律的能力进一步提高。社会主义市场经济是中国共产党人把马克思主义基本原理同中国具体实际相结合在经济体制上的伟大创造。

邓小平同志坚持把马克思主义基本原理同中华优秀传统文化相结合的一大贡献，是提出了“小康社会”的发展目标。“实事求是”是毛泽东同志依据马克思主义原理，从认识论上对中华优秀传统文化的守正创新，并从认识论上接通了马克思主义与中华优秀传统文化的文脉和当代中国的地气。“小康社会”是邓小平同志依据马克思主义原理，从发展论上对中华优秀传统文化的守正创新，并从发展论上接通了马克思主义与中华优秀传统文化的文脉和当代中国的地气。在江泽民同志、胡锦涛同志引领下，“小康社会”的目标基本实现后，又提出“全面建设小康社会”的前进目标。这个中国人民喜闻乐见的目标极大地鼓舞了全体中国人民为之奋斗的精气神。

坚持“两个相结合”走自己的路，这是中国共产党解放思想、锐意进取，创造改革开放和社会主义现代化建设的伟大成就的基本经验之一。

新时代我们党对“两个相结合”走自己的路的守正创新

党的十八大以来，中国特色社会主义进入了新时代。习近平新时代中国特色社会主义思想是马克思主义中国化的最新成果，充分体现着对坚持“两个相结合”走自己的路的守正创新。

新时代坚持马克思主义基本原理同中国具体实际相结合新意迭见。比如，明确全面深化改革总目标是完善和发展中国特色社会主义制度、推进国家治理体系和治理能力现代化。这从制度上不仅把中国特色与社会主义辩证统一起来，而且把社会主义现代化与国家治理体系和治理能力现代化辩证统一起来。比如，由全面建设小康社会到全面建成小康社会再到决胜全面建成小康社会，把脱贫攻坚作为全面建成小康社会的关键因素，这不仅把过程的普遍性与阶段的特殊性辩证统一起来，而且把全面建成小康社会的普遍性与脱贫攻坚的特殊性辩证统一起来。就脱贫攻坚而言，从提出“实事求是、因地制宜、分类指导、精准扶贫”，到提出“精准扶贫是为了精准脱贫”，再到提出“必须在精准施策上出实招”，充分展现了习近平总书记善于处理特殊性与普遍性辩证统一关系的领导方法与思想方法。2021 年 7 月 1 日，习近平总书记在天安门城楼上庄严宣告：“我们实现了第一个百年奋斗目标，在中华大地上全面建成了小康社会，历史性地解决了绝对贫困问题，正在意气风发向着全面建成社会主义现代化强国的第二个百年奋斗目标迈进。”这是全党全国各族人民持续奋斗的结果，也与习近平总书记殚精竭虑地引领密切相关。

马克思主义基本原理同中华优秀传统文化相结合，毛泽东同志的著作里已有这方面的思想。但是，“坚持把马克思主义基本原理同中国具体实际相结合、同中华优秀传统文化相结合”，其中明确提出“同中华优秀传统文化相结合”，在党的领袖的理论著作中还是第一次。这与中国特色社会主义新时代自信自强、守正创新的特点密切相关；与中国特色社会主义理论体系有马克思主义理论根源，有中国特色社会主义实践根源，还有中华优秀传统文化根源密切相关；与习近平总书记特别强调中国特色社会主义文化自信密切相关。

以习近平总书记的著作为载体的习近平新时代中国特色社会主义思想，有深刻的马克思主义理论味，也有生动的中国特色社会主义实践味，还有丰富的中华优秀传统文化味。《习近平谈治国理政》重视对中华优秀传统文化的创造性转化和创新性发展，重视从中国的经史子集中吸取治国理政的智慧。《论语》这部书，《习近平谈治国理政》第一卷引用达18次之多，第二卷引用达11次之多，第三卷引用达5次之多，这还不包括化用的内容。习近平总书记经常谈到老子、孔子、孟子。老子的话，他引用最多的是“以百姓心为心”。这正是他“我将无我，不负人民”“打江山、守江山，守的是人民的心”等思想的文化基因。儒家的经典论述，他引用最多的是“大道之行也，天下为公”。这正是他“构建人类命运共同体”思想的文化基因。

中华优秀传统文化，如不从思想流派而从事业载体角度看，最突出地表现在治水文化和中医文化两大方面。习近平总书记在这两大方面都有丰富的论述。对于治水文化，习近平总书记说："'黄河宁，天下平。'从某种意义上讲，中华民族治理黄河的历史也是一部治国史。"他重视大禹治水"因水以为师"的方法，指出："黄河流域生态保护和高质量发展，要尊重规律，摒弃征服水、征服自然的冲动思想。'禹之决渎也，因水以为师。'大禹之所以能成功治理水患，原因在于尊重规律。"对于中医文化，习近平总书记指出："中医药学是中国古代科学的瑰宝，也是打开中华文明宝库的钥匙。"他在领导防控新冠肺炎疫情阻击战中指出："我国历史上有很多防治瘟疫的医疗著作和方法。《汉书·平帝纪》记载，元始二年，'民疾疫者，舍空邸第，为置医药'，提出了'隔离'是防疫的重要举措。明代中期我国就出现了预防天花的'人痘'接种术。"他强调："要坚决贯彻预防为主的卫生与健康工作方针，坚持常备不懈，将预防关口前移，避免小病酿成大疫。"我国新冠肺炎疫情阻击战所取得的重大胜利，是在习近平总书记亲自指挥下群防群控的人民战争的胜利，是中西医结合、中西药并用的胜利，也是预防为主的中医文化基因的胜利。

坚持"两个相结合"走自己的路，这是中国共产党自信自强、守正创新，统揽伟大斗争、伟大工程、伟大事业、伟大梦想，创造新时代中国特色社会主义伟大成就的基本经验之一。

坚持"两个相结合"走自己的路，中国共产党团结带领中国人民一定能够在新的征程上开创更加美好的未来。

（摘编自《北京日报》2021年7月12日）

曹应旺

中共中央党史和文献研究院研究员

第　六　章

CHAPTER 6

牢记初心使命，始终同人民想在一起，干在一起

全体中国共产党员！党中央号召你们，牢记初心使命，坚定理想信念，践行党的宗旨，永远保持同人民群众的血肉联系，始终同人民想在一起、干在一起，风雨同舟、同甘共苦，继续为实现人民对美好生活的向往不懈努力，努力为党和人民争取更大光荣！

叶小文：人民至上　人格高尚　人心所向

—

在党的百年诞辰之际，习近平总书记在天安门城楼上庄严地向历史、向中国、向世界宣布：“中国共产党一经诞生，就把为中国人民谋幸福、为中华民族谋复兴确立为自己的初心使命。一百年来，中国共产党团结带领中国人民进行的一切奋斗、一切牺牲、一切创造，归结起来就是一个主题：实现中华民族伟大复兴。”

历史和人民选择了中国共产党。中国共产党不负历史，不负人民；始终以史为鉴，开创未来；坚持人民至上，代表人民。

笔者谈三点体会：中国共产党坚持“人民至上”，每一个党员都要崇尚“人格高尚”，党的力量来自“人心所向”。

中国共产党坚持“人民至上”

中国共产党人的初心和使命，就是为中国人民谋幸福，为中华民族谋复兴。这个初心和使命是激励中国共产党人不断前进的根本动力。中国共产党永远与人民同呼吸、共命运、心连心，永远把人民对美好生活的向往作为奋斗目标，以永不懈怠的精神状态和一往无前的奋斗姿态，朝着实现中华民族伟大复兴的宏伟目标不懈奋进。

习近平总书记说：“中国共产党根基在人民、血脉在人民、力量在人民。中国共产党始终代表最广大人民根本利益，与人民休戚与共、生死相依，没有任何自己特殊的利益，从来不代表任何利益集团、任何权势团体、任何特权阶层的利益。”

立党为公、执政为民，以人为本、以民为重，中国共产党全心全意为人民服务，把最广大人民根本利益作为党全部工作的出发点和落脚点，不断实现好、维护好、发展好最广大人民根本利益。

每一个党员都要崇尚“人格高尚”

中国共产党有9500多万名党员。党要求每一个共产党员，都要坚定信念，不忘初心、不移其志，以坚忍执着的理想信念，以对党和人民的赤胆忠心，把对党和人民的忠诚和热爱牢记在心目中、落实在行动上，为党和人民事业奉献自己的一切乃至宝贵生命，为党的理想信念顽强奋斗、不懈奋斗；都要对人民饱含深情，心中装着人民，工作为了人民，想群众之所想，急群众之所急，解群众之所难，密切联系群众，坚定依靠群众，一心一意为百姓造福，以为民造福的实际行动诠释共产党人“我将无我、不负人民”的崇高情怀；都要把许党报国、履职尽责作为人生目标，不畏艰险、敢于牺牲，苦干实干、不屈不挠，展示共产党人无私无畏的奉献精神和坚忍不拔的斗争精神；都要保持共产党人艰苦朴素、公而忘私的光荣传统，不以功臣自居，不计较个人得失，不贪图享受，守纪律、讲规矩，明大德、守公德、严私德，清清白白做人、干干净净做事，做到克己奉公、以俭修身，永葆清正廉洁的政治本色。

这就是共产党人的高尚人格，是每一个共产党员都要崇尚和践行的高尚人格。共产党人因此拥有人格力量，共产党必然赢得民心，共产党之所向，就是人心所向。

习近平总书记说：“全体中国共产党员！党中央号召你们，牢记初心使命，坚定理想信念，践行党的宗旨，永远保持同人民群众的血肉联系，始终同人民想在一起、干在一起，风雨同舟、同甘共苦，继续为实现人民对美好生活的向往不懈努力，努力为党和人民争取更大光荣！”党中央的号召，再次重申了每个共产党人都要崇尚和践行的高尚人格。

党的力量来自“人心所向”

中国共产党是人民的党，是有人格力量的党，必然是人心所向的党。中国共产党的力量，来自 14 亿多人民的“人心所向”。

中国共产党始终是中国工人阶级的先锋队，同时是中国人民和中华民族的先锋队。两个先锋队体现的先进性，也是共产党千锤百炼的优秀品格。100 年来，中国共产党团结带领人民在中国这片古老的土地上，书写了人类发展史上的壮丽史诗。一番番“障百川而东之，回狂澜于既倒”的历练，证明党的先进性，证明无数优秀共产党人始终在实践这种先进性。

成就辉煌、历史确证、人民拥戴、世界瞩目，但党异常清醒地告诫自己：保持“人心所向”，就要守住人心。守住人心，就是守住人民的心，就要守住自己的初心。“江山就是人民、人民就是江山，打江山、守江山，守的是人民的心。”“初心易得，始终难守”，不忘初心、牢记使命不是一阵子的事，而是一辈子的事，每个党员都要在思想政治上不断进行检视、剖析、反思，不断去杂质、除病毒、防污染。先进性也不是一劳永逸、一成不变的，过去先进不等于现在先进，现在先进不等于永远先进。不能让鲜花掌声淹没群众意见，不能让成绩数字掩盖现实问题，不能让发展成就麻痹忧患意识。要常怀忧党之心，恪尽兴党之责。

中国特色社会主义进入新时代，我们比历史上任何时期都更接近、更有信心和能力实现中华民族伟大复兴。我们千万不能在一片喝彩声、赞扬声中丧失革命精神和斗志，逐渐陷入安于现状、不思进取、贪图享乐的状态，而是要牢记船到中流浪更急、人到半山路更陡，要把不忘初心、牢记使命作为加强党的建设的永恒课题，作为全体党员、干部的终身课题。“勇于自我革命是中国共产党区别于其他政党的显著标志。我们党历经千锤百炼而朝气蓬勃，一个很重要的原因就是我们始终坚持党要管党、全面从严治党，不断应对好自身在各个历史时期面临的风险考验，确保我们党在世界形势深刻变化的历史进程中始终走在时代前列，在应对国内外各种风险挑战的历史进程中始终成为全国人民的主心骨！”

习近平总书记说：“过去一百年，中国共产党向人民、向历史交出了一份优异的答卷。现在，中国共产党团结带领中国人民又踏上了实现第二个百年奋斗目标新的赶考之路。”

时代是出卷人，我们是答卷人，人民是阅卷人。“路漫漫其修远兮，吾将上下而求索。”中国共产党不忘初心、继续前进，永远保持谦虚、谨慎、不骄、不躁的作风，永远保持艰苦奋斗的作风，勇于变革、勇于创新，永不僵化、永不停滞，与时俱进、与民同在，继续在这场历史性考试中经受考验，努力向历史、向人民交出新的更加优异的答卷！

习近平总书记说：“一百年前，中国共产党的先驱们创建了中国共产党，形成了坚持真理、坚守理想，践行初心、担当使命，不怕牺牲、英勇斗争，对党忠诚、不负人民的伟大建党精神，这是中国共产党的精神之源。”“一百年来，中国共产党弘扬伟大建党精神，在长期奋斗中构建起中国共产党人的精神谱系，锤炼出鲜明的政治品格。历史川流不息，精神代代相传。我们要继续弘扬光荣传统、赓续红色血脉，永远把伟大建党精神继承下去、发扬光大！”

精神之源，代代传承。精神谱系，川流不息。中国共产党坚持“人民至上”。每一个党员都要崇尚“人格高尚”。党的力量来自“人心所向”。这就是伟大的人民的党，永远有人格力量的党，人心所向、百年恰是风华正茂的党。

（摘编自光明网 2021 年 7 月 5 日）

叶小文

十三届全国政协委员、文化文史和学习委员会副主任

李辉卫：永远守住人民的心

习近平总书记在庆祝中国共产党成立100周年大会上深刻指出：“江山就是人民、人民就是江山，打江山、守江山，守的是人民的心。中国共产党根基在人民、血脉在人民、力量在人民。”这一精辟论述，是对党的百年历史的深刻总结，是对党的性质宗旨的生动诠释，警醒我们要永远与人民心连心，永远守住人民的心。

守住人民的心，守的是党生死存亡的“生”和红色江山的“红”

江山是什么？这个5000年来一直回荡在神州大地之上的历史之问，直到我们党执政以后才有了一个越来越清晰的答案：江山就是人民，人民就是江山。我们党在一路求索、一路奋斗中清醒地认识到，人心向背决定着苍茫大地上谁主沉浮，决定着每一个政党的生死存亡，决定着每一个政权的兴盛衰败。

得民心者得天下、得江山，我们党因为得民心而执掌政权、生机勃勃。回顾党的奋斗历程，为什么我们党能用小米加步枪打败有飞机大炮的国民党，获得执政地位？为什么老百姓会把最后一尺布拿来做军装，最后一两米用来做军粮，最后的亲骨肉送上战场？为什么成千上万的进步青年冒着生命危险从全国各地涌向延安这座西北小城？为什么我们党能带领人民群众攻克一个又一个看似不可攻克的难关，创造一个又一个彪炳史册的人间奇迹？从根本上说，是因为我们党始终把人民放在心中最高位置，始终把人民利益放在第一位，始终扎根于人民沃土，从而赢得民心民意。人心如秤，民意似镜。有两组数据令人振奋：一是全球知名公关咨询公司爱德曼发布的《2020 年信任度调查报告》显示，中国民众对中国政府的信任度高达 95%，在受访国家中排列第一；二是 2020 年 1 月至 2021 年 6 月新发展的共产党员中，35 岁及以下的占 80.7%，展示了党的蓬勃生机。

失民心者失天下、失江山，世界上许多执政党因为失去民心而轰然倒塌、黯然下台。一个政党，不管资格有多老，执政时间有多长，曾经多么强大，一旦脱离了人民群众，就会成为无源之水、无本之木，就会一事无成，甚至会被赶下历史舞台。苏联解体前夕，苏联社会科学院进行过一次问卷调查：认为苏联共产党仍然能够代表工人的只占 4%，认为代表全体人民的占 7%，而认为代表机关党员干部和官僚阶级的高达 85%。在历史档案中，找不到苏联解体时任何苏联群众为支持、声援苏联共产党而采取有组织行为的记载。失去人民的支持，守不住人民的心，成立 93 年、连续执政 74 年、拥有近 2000 万名党员的苏联共产党在人民的“否决票”中黯然解散。不仅是苏联共产党，东欧一些国家的共产党也失去了执政地位甚至改名、解散，其主要原因也是严重脱离群众，失去了人民的信任和支持。

今天，我们党已经发展成为一个走过百年光辉历程、在世界上最大的社会主义国家执政 70 多年、拥有 9500 多万名党员、具有重大全球影响力的世界第一大执政党。以史为鉴、开创未来，我们要始终牢记“民心是最大的政治”“人心向背关系党的生死存亡”，始终坚持尊重社会发展规律和尊重人民历史主体地位的一致性，为崇高理想奋斗和为最广大人民谋利益的一致性，完成党的各项工作和实现人民利益的一致性，紧紧依靠人民巩固执政地位、守卫好红色江山。

守住人民的心，守的是人民至上的根本立场和服务人民的根本宗旨

谁把人民放在心上，人民就把谁放在心上；谁坚定地站在人民之中，人民就团结在谁周围。一代代共产党人历千难而前赴后继、涉万险而勇毅前行，血脉中一直流淌的，是始终不渝的人民情怀，是坚定不移的人民立场，是全心全意为人民服务的根本宗旨，这是我们党历经百年沧桑而不改本色的坚定，也是放眼千秋伟业而始终如一的坚决。

坚持根本立场和根本宗旨，我们党不仅“知其然”，更“知其所以然、知其所以必然”。马克思主义第一次端起历史发展规律的望远镜和显微镜，明确提出人民是历史的创造者、是真正的英雄的历史唯物主义观点。我们党忠实继承、卓越发展马克思主义人民观，提出并践行一切为了人民、一切依靠人民，使党一路走来、一往无前，拥有最深厚的群众基础、最强大的力量源泉。特别是党的十八大以来，我们党不断深化对人民在社会历史发展中地位和作用的认识，提出坚持以人民为中心的发展思想，明确回答“为了谁、依靠谁、我是谁”这一重大命题，开辟了马克思主义人民观的新境界。以人民为中心是我们党立党为公、执政为民的生动体现，是全心全意为人民服务根本宗旨的时代彰显，是对党

的百年奋斗历程和实践经验的深刻总结。

坚持根本立场和根本宗旨，我们党不只是写在纸面上，更是付诸一切奋斗、一切行动中。党一经诞生，就把“人民”二字深深地镌刻在自己的旗帜上。从党的一大提出“把工人、农民和士兵组织起来”为实现自己的利益而奋斗，到长征中红军“自己有一条被子，也要剪下半条给老百姓”；从“哪里最苦最累，他就出现在哪里”的张思德，到“我要把有限的生命，投入到无限的为人民服务之中去”的雷锋；从“心中装着全体人民，唯独没有他自己”的焦裕禄，到“帮人们致富，做太行愚公”的李保国；从兑现脱贫攻坚“一个都不能少”的承诺，到抗击新冠肺炎疫情“每一个生命都得到全力护佑”……一代代共产党人始终坚守人民立场和根本宗旨不动摇，始终坚持与人民心心相印、同甘共苦、团结奋斗。历史充分证明，中国共产党不愧是中国人民的党，不愧是全心全意为人民服务的马克思主义政党。

面向未来，在全面建设社会主义现代化国家新征程中，我们必须毫不动摇站稳人民立场，坚持把人民幸福作为“国之大者”，始终如一守好为中国人民谋幸福、为中华民族谋复兴的初心和使命，始终如一守好同人民想在一起、干在一起、苦在一起、乐在一起的本色，团结带领人民为实现第二个百年奋斗目标而接续奋斗、艰苦奋斗、不懈奋斗。

守住人民的心，守的是人民对美好生活的向往和带领人民创造美好生活的行动

鲁迅说过：“我们从古以来，就有埋头苦干的人，有拼命硬干的人，有为民请命的人，有舍身求法的人……这就是中国的脊梁。”党的百年

历程中，一代又一代共产党人在埋头苦干、拼命硬干、为民请命、舍身求法中挺起脊梁，承载的目标只有一个：实现中华民族伟大复兴的中国梦，实现人民对美好生活的向往。

带领人民创造美好生活，是由我们党的性质和宗旨决定的。100 年来，我们党始终代表最广大人民根本利益，没有任何自己特殊的利益，从来不代表任何利益集团、任何权势团体、任何特权阶层的利益。100 年来，我们党团结带领人民群众进行革命、建设、改革所做的每一件事情，都是为了实现好、维护好、发展好最广大人民根本利益，都是为了让人民群众过上更加美好的生活。从毛泽东同志提出“全心全意为人民服务”，到邓小平同志提出“贫穷不是社会主义”，到江泽民同志提出“代表中国最广大人民的根本利益”，到胡锦涛同志提出“以人为本、执政为民”，再到习近平总书记提出“以人民为中心的发展思想”，无一不是朝着为人民创造美好生活的方向。

带领人民创造美好生活，是我们党一以贯之的实际行动。特别是党的十八大以来，党团结带领全国人民克服新冠肺炎疫情影响，坚决打赢脱贫攻坚战，历史性地解决了绝对贫困问题，实现了第一个百年奋斗目标，“民亦劳止，汔可小康”的千年梦想成为现实，中华民族伟大复兴进入了不可逆转的历史进程。虽然一路筚路蓝缕、栉风沐雨，但是我们党做到了，因为这是对人民的责任、对人民的承诺。百年历程告诉我们，只有让人民群众过上越来越美好的生活，我们党才能牢牢守住人民的心，才能凝聚起亿万群众的磅礴伟力，才能推动中国这艘巍巍巨轮乘风破浪、不断前行。

治国有常，而利民为本。当前，人民对美好生活的“需求清单”不断拉长扩容，教育、就业、住房、医疗、社保和文化需要，解决了“有没有”，大家更关注“好不好”。同时，城乡区域发展和收入分配差距依然较大，人民群众的操心事、烦心事、揪心事依然不少。我们要时刻把群众安危冷暖放在心上，坚持党的群众路线，尊重人民首创精神，聚焦人民群众急难愁盼问题，把“问题清单”变成“履职清单”，用“辛苦指数”换取“满意指数”，推动改革发展红利更好更多惠及全体人民，不断增强人民群众的获得感幸福感安全感。

守住人民的心，守的是“答卷人”的自觉和对“阅卷人”的敬意

时代是出卷人，我们是答卷人，人民是阅卷人。人民是国家的主人、社会的主人，党是人民群众在特定的历史时期为完成特定的历史任务的一种工具，党的干部是人民的公仆。党这个工具称不称手、公仆尽不尽职，服务人民、不负人民的“答卷”做得好不好，要由人民这个“阅卷人”来评判。并且，人民群众的眼睛最雪亮，看得最清楚，感知也最直接、最深刻，是最公正的裁决者。正是人民群众的公正评判，使国民党被淘汰出局、丧失政权，使中国共产党走上历史舞台、取得执政地位。

作为一个任何时候都把群众利益放在第一位、全心全意为人民服务的马克思主义政党，我们党很早就认识到，党的工作必须而且只能由人民来评判。毛泽东同志指出，“共产党人的一切言论行动，必须以合乎最广大人民群众的最大利益，为最广大人民群众所拥护为最高标准”，“我们任何一项政策的正确性都必须由群众来检验”。邓小平同志指出，要把人民拥护不拥护、赞成不赞成、高兴不高兴、答应不答应作为制定

方针政策和作出决断的出发点和归宿，并提出“三个有利于”作为衡量党和国家各项工作、各个领域建设功过成败的评价标准。习近平总书记强调，“人民是我们党的工作的最高裁决者和最终评判者”，“检验我们一切工作的成效，最终都要看人民是否真正得到了实惠，人民生活是否真正得到了改善，人民权益是否真正得到了保障”。回望百年历程，正是因为坚持人民评判，把民心民意民智体现到政策制定和实施全过程，我们党才能交出一份份让人民群众满意的答卷，才能一直得到人民衷心拥护和爱戴。

凡是过往，皆为序章。在新的赶考之路上，我们要坚持把人民拥护不拥护、赞成不赞成、高兴不高兴、答应不答应作为衡量一切工作得失的根本标准，坚持问政于民、问需于民、问计于民，充分保障人民群众的知情权、参与权、选择权、监督权，把造福人民作为最大政绩，抓住人民群众最关心最直接最现实的利益问题，解民忧、纾民怨、暖民心，使一切决策和工作满足群众需求、经得起历史检验，向广大人民交出更加优异的答卷。

守住人民的心，守的是对党的优良传统作风的弘扬和对红色血脉和基因的赓续

习近平总书记强调，我们党团结带领人民取得了革命、建设、改革的伟大成就，很重要的一条就是我们党在长期实践中培育并坚持了一整套光荣传统和优良作风。光荣的传统、优良的作风、红色的基因，铸造了党的精神谱系。伟大建党精神这个党的精神之源，一项重要内容就是“不负人民”。我们要守住人民的心，就必须持之以恒弘扬党的优良

传统和作风，赓续党的红色血脉和基因，始终保持同人民群众的血肉联系。

回望来时路，我们党正是以优良作风赢得了人民的心，经受住了一次又一次严峻考验，创造了一个又一个伟大成就。建党初期，毛泽东同志就提出，必须树立一个区别于一切剥削阶级政党的新作风。在革命战争年代，我们党形成并大力发扬理论联系实际、密切联系群众、批评和自我批评等优良作风，创造了新民主主义革命的伟大成就。中华人民共和国成立后，我们党保持谦虚谨慎、不骄不躁的作风，保持艰苦奋斗的作风，创造了社会主义革命和建设的伟大成就。改革开放新时期，我们党把作风问题提高到关系党和国家生死存亡的高度，并根据新的实践形成了求真务实、改革创新、与时俱进的良好作风，创造了改革开放和社会主义现代化建设的伟大成就。党的十八大以来，以习近平同志为核心的党中央以踏石留印、抓铁有痕的劲头狠抓作风建设，制定和落实中央八项规定，以“零容忍”态度惩治腐败，开展党的群众路线教育实践活动、“三严三实”专题教育、“两学一做”学习教育、“不忘初心、牢记使命”主题教育、党史学习教育，推动党风政风为之一新，党心民心为之大振，创造了新时代中国特色社会主义的伟大成就。

展望前方路，我们必须清醒地看到，党执政后的最大危险仍然是脱离群众，保持党同人民群众的血肉联系是一个永恒课题，作风建设永远在路上。我们要牢记打铁必须自身硬的道理，继续大力加强党的建设新的伟大工程，坚定不移推进党风廉政建设和反腐败斗争，坚决清除一切损害党的先进性和纯洁性的因素，清除一切侵蚀党的健康肌体的病毒，确保党不变质、不变色、不变味，在任何时候都成为中国人民最为牢靠、最可信赖的主心骨，在任何时候都以优良的作风、清廉的形象凝聚人心、守好民心。

李辉卫

海南省委副秘书长、海南省委政策研究室主任

陈松友、王雷：以人民为中心
——百年大党的根本价值取向

一

2021 年 7 月 1 日上午 8 时，庆祝中国共产党成立 100 周年大会在北京天安门广场隆重举行。中共中央总书记、国家主席、中央军委主席习近平发表重要讲话。在讲话中，习近平总书记提到“人民”二字 80 多次，并着重指出：“新的征程上，我们必须紧紧依靠人民创造历史，坚持全心全意为人民服务的根本宗旨，站稳人民立场，贯彻党的群众路线，尊重人民首创精神，践行以人民为中心的发展思想，发展全过程人民民主，维护社会公平正义，着力解决发展不平衡不充分问题和人民群众急难愁盼问题，推动人的全面发展、全体人民共同富裕取得更为明显的实质性进展！”以人民为中心的发展思想的形成和确立，有着深厚的历史积淀、坚实的理论基础和鲜明的实践指向，充分彰显了百年大党高度的历史自觉、理论自觉和实践自觉。

历史维度：中国共产党百年来始终坚持以人民为中心

“为什么人”的问题，是检验一个政党、一个政权性质的试金石。中国共产党自 1921 年成立之初，就始终坚定不移站在人民的立场上，始终践行全心全意为人民服务的根本宗旨，矢志不渝为中国人民谋幸福。党的百年历史，就是一部践行党的初心使命的历史，就是一部党与人民心连心、同呼吸、共命运的历史。正如习近平总书记在党史学习教育动员大会上所指出的，我们党来自于人民，党的根基和血脉在人民。为人民而生，因人民而兴，始终同人民在一起，为人民利益而奋斗，是我们党立党兴党强党的根本出发点和落脚点。

在革命战争年代，许多共产党人原本家庭条件优裕，却舍生忘死、浴血奋战，他们不图当官、不为发财，只为“唤起工农千百万”，改变中国人民被欺凌、被压迫的悲惨境地。新中国成立后，“把有限的生命投入到无限的为人民服务中”的雷锋，“心中装着全体人民，唯独没有他自己”的焦裕禄，“捧着一颗心来，不带半根草去”的杨善洲……他们的名字既刻在了百年党史的丰碑上，也印在了人民群众的心间，他们的事迹生动体现了共产党人全心全意为人民服务的赤子之情。新时代以来，点亮乡村女孩人生梦想的优秀人民教师，推动创办面向贫困山区女孩的免费女子高中，帮助近2000名贫困山区女孩圆了大学梦的张桂梅；新时代青年党员干部的优秀代表，把生命奉献给脱贫攻坚事业的“第一书记”黄文秀；扎根社区工作40多年，创新社区治理模式，当好党的“传声筒”、群众的“服务员”，把党的工作做到群众心坎上的社区工作者的杰出代表林丹……这些“七一勋章”获得者，他们用心用力用情践行宗旨，以为民造福的实际行动诠释了共产党人“我将无我、不负人民”的崇高情怀。

理论维度：以人民为中心是马克思主义人民性的内在要求

以人民为中心，是坚持马克思主义唯物史观的内在要求。唯物史观认为，人民群众是历史的主体，是推动社会发展进步的决定力量。正如马克思、恩格斯在《共产党宣言》中所指出的那样："无产阶级的运动是绝大多数人的，为绝大多数人谋利益的独立的运动。"马克思主义以科学的理论为最终建立一个没有压迫、没有剥削、人人平等、人人自由的理想社会指明了方向。马克思主义是人民的理论，它根植于人民，人民性是马克思主义最鲜明的品格。

中国共产党从成立开始，就把为人民服务写在了自己的旗帜上。1944 年 9 月，中央警卫团在延安为在烧炭中牺牲的战士张思德举行追悼会，毛泽东同志发表了《为人民服务》的著名演讲，号召全党全军学习张思德同志为人民服务的精神。正是在这次演讲中，毛泽东同志提出了为人民服务这一光辉思想。此后，我们党的历届领导人都对这一思想予以继承并创造性地发展，使其更加富于时代意义。1992 年初，邓小平同志在南方谈话中提出了著名的"三个有利于"标准：是否有利于发展社会主义社会的生产力，是否有利于增强社会主义国家的综合国力，是否有利于提高人民的生活水平。2001 年，在中国共产党成立 80 周年庆祝大会上，江泽民同志系统阐述了"三个代表"重要思想的内涵和要求。江泽民同志指出，贯彻"三个代表"要求，关键在坚持与时俱进，核心在保持党的先进性，本质在坚持执政为民。此后，胡锦涛同志明确提出"以人为本"的科学发展观。党的十八大以来，以习近平同志为核心的党中央明确提出了坚持以人民为中心的发展思想，多次强调要"坚持人民立场、人民至上"，更在庆祝中国共产党成立 100 周年大会上多次提到“人民”，强调“江山就是人民、人民就是江山，打江山、守江山，守的是人民的心。中国共产党根基在人民、血脉在人民、力量在人民”。这些重要论述是我们党站在新的历史方位上对党的根本宗旨的深化和发展，也是人民性这一品格在马克思主义中国化过程中的具体体现。

实践维度：必须紧紧依靠人民实现伟大梦想

习近平总书记强调，以人民为中心的发展思想，不是一个抽象的、玄奥的概念，不能只停留在口头上、止步于思想环节，而要体现在经济社会发展各个环节。党的十八大以来，以习近平同志为核心的党中央用以人民为中心的发展理念统领各项工作，并将其贯彻到改革发展稳定各项工作之中。全面建成小康社会，“在扶贫的路上，不能落下一个贫困家庭，丢下一个贫困群众”；全面深化改革，“把改革方案的含金量充分展示出来，让人民群众有更多获得感”；全面依法治国，“努力让人民群众在每一个司法案件中都能感受到公平正义”；全面从严治党，“核心问题是保持党同人民群众的血肉联系”。站在“两个一百年”奋斗目标的历史交汇点上，以习近平同志为核心的党中央统筹中华民族伟大复兴战略全局和世界百年未有之大变局，领导制定“十四五”规划和2035年远景目标纲要，为在新征程上实现高质量发展、更好满足人民美好生活需要作出了顶层设计。

“大鹏之动，非一羽之轻也；骐骥之速，非一足之力也。”习近平总书记庄严宣告，经过全党全国各族人民持续奋斗，我们实现了第一个百年奋斗目标，在中华大地上全面建成了小康社会，历史性地解决了绝对贫困问题，正在意气风发向着全面建成社会主义现代化强国的第二个百年奋斗目标迈进。这是中华民族的伟大光荣！这是中国人民的伟大光荣！这是中国共产党的伟大光荣！可以说，人民是历史的创造者，是真正的英雄。中国要飞得更高、跑得更快，就得依靠14亿多中国人民的力量。进入新发展阶段，开启全面建设社会主义现代化国家新征程，全体中国共产党员正要像党中央号召的那样，牢记初心使命，坚定理想信念，践行党的宗旨，永远保持同人民群众的血肉联系，始终同人民想在一起、干在一起，风雨同舟、同甘共苦，继续为实现人民对美好生活的向往不懈努力，努力为党和人民争取更大光荣！

（摘编自光明网2021年7月1日）

陈松友

吉林大学匡亚明学者，吉林大学马克思主义学院教授、博士生导师

王　雷

吉林大学马克思主义学院博士研究生

后　记

本书是为学习“七一”讲话精神而编辑出版的一本学习辅导读物。编选的标准，一是作者在专业领域享有盛名，二是文章刊发后传播较广，影响较大。

在编选过程中，我们通过电话、短信、微信、邮件等多种方式与著作者进行联系，并获得很多肯定和支持，感谢大家对我们工作的理解和支持。但由于时间仓促，还有极少数稿件的著作者未能取得联系。因此，敬请有关著作者见到本书后发邮件至 bjfubo@163.com，与我们取得联系，我们将按照国家相关规定，支付稿费和奉送样书。